差別は たいてい悪意のない人がする

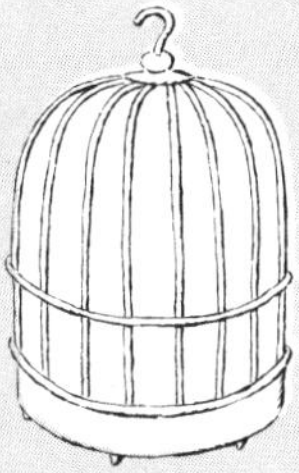

見えない排除に気づくための10章

キム・ジヘ 著
尹怡景 訳

大月書店

プロローグ　あなたには差別が見えますか？

「決定障害」。

はじめてこの言葉を聞いたとき、私はおもしろい言葉だと思った。ぐずぐずと何ごとも深く考えすぎてしまう、私のような人をさす簡潔明瞭な言葉だと思った。私はこの言葉を、私自身のことを卑下する意味を込めて、さまざまな場面で数多く使った。そうしてある日、この言葉が問題を起こした。

それはヘイト表現に関するシンポジウムでのことだった。このシンポジウムには予想を上まわる高い関心が寄せられ、急遽大きな会場に変更しておこなわれた。ここで討論者として参加していた私は、「決定障害」という言葉を使った。どうすることもできない状況のもとでも、われわれはともに決断を下すべきだという話をするなかでのことだった。シンポジウムが終わり、みんなで食事に行くバスの中で、参加者のひとりが私にそっと尋ねた。

「どうして決定障害という言葉を使ったのですか？」

とても短いひとことだった。それは質問ではなかった。私の過ちを、もっと正確には、ヘイト表現をやめようと訴えていた人が「決定障害」という言葉を使ったという矛盾に対する指摘だった。たくさんの障害者が参加していた会場で、私は自分が「障害」という言葉をどのように使っていたのか、意識すらしなかったのだ。

私はすぐに、自分の過ちを認めて恥じ入った。しかし、すでにシンポジウムは終わり、会場にいた参加者たちに直接謝罪する機会はなかった。どうすればいいのだろうか。それと同時に私の中では、奇妙な疑問が浮かんできた。

「その言葉がどうしたっていうの？　どこが問題なの」

私の中で、その言葉をあえて問題ではないと否定し、些細なことだと考えようとする防御機制が働きはじめたのだ。

私は、「決定障害」という言葉のどこが問題なのかをしっかり理解するために、障害者の人権運動をしている活動家の知り合いに電話して聞いてみた。彼は、私たちがどれだけ日常的に「障害」という言葉を否定的な意味を込めて使っているかについて説明してくれた。「障害」という言葉は「不足」や「劣等」を意味し、そのような観念のもとで「障害者」はつねに何かが足りない、劣った存在として見られてしまう。

電話を切ってから、私はしばらく呆然として自分を振り返った。実のところ、とても驚いてしまったのだ。私が障害者を差別していたって？　信じられなかった。いや、信じたくなかった。大学に入学してはじめて入ったサークルは手話サークルだった。社会福祉学と法学を専攻して人権について勉強し、障害者の権利や法律に関する授業を受けた。家族の中にも障害者がいて、かれらが置かれた状況をある程度知っていると思っていた私が、かれらを差別する側だったなんて。

同時に、多くのことが理解されはじめた。私が差別されたことを、周囲の人にまったく気づいてもらえなかった経験が思い出されてきたのだ。

たとえば、前の職場のオフィスにあった私のネームプレート。

当時、私は非正規職員として働いていた。私の事務室のドアには、紫色の紙をラミネート加工したネームプレートが貼られていた。一方、正規職員のドアには、木板に白い文字で名前を刻んだネームプレートが貼られていた。働きはじめて二年半が過ぎたころ、正規職員の同僚にこの違いについて話したところ、彼は私たちのネームプレートが異なっていることさえ気づいていなかった。彼にはこの「些細な」差が見えていなかっただろうが、私には出勤から退勤まで、ドアを開けて出入りするすべての瞬間が、自分の身分を刻印した緋文字〔烙印〕のように感じられた。

考えてみれば、差別はいつもそうだった。差別されたととらえる人はいるのに、たいていの人は「自分が差別をした！」とは言わないだろう。

差別はつねに、差別によって不利益をこうむる側の話であって、差別のおかげでメリットを得る側の人が、みずから立ち上がって差別を語ることはあまりない。差別は明らかに両者の非対称性によって生じるものであり、すべての人にとって不当なことであるにもかかわらず、不思議なことに、差別を受ける側だけの問題のようにあつかわれる。いったいこれはどうしたことだろう。確率的に考えても、自分が差別されるときがあるのであれば、差別をする側になるときもあるのではないだろうか？

私は怖くなってきた。もはや差別は、私と関係のない話ではなかった。教室で、会議場で、シンポジウムで、どこであれ、私自身も知らない自分の中の差別的な意識が、いつどんな言葉や行動として突然出てくるかもわからない。

私はこのなんとも座りの悪い「差別をする感性／意識」を研究してみようと思い、まずは、マイノリティ集団をめぐるあらゆる侮辱的な言葉を集めることにした。なぜ「言葉」を集めたかと言えば、さまざまなヘイト表現を通じて、人々がマイノリティ集団に対してどのような「視線／意識」を持っているかを分析するための基礎作業としてである。

最初はネット上に流れる悪口に近い言葉の収集に集中した。しかし、調査が進むにつれ、差別的な表現の範囲が思ったよりかなり広く、表現の方式も非常に陰湿であるという事実に気づいた。ときには、発言している本人でさえも気づかないくらいに。

現場の活動家や研究者を対象に、侮辱的な表現を収集していたなかで、注目すべき二つの表現があった。

「もうすっかり韓国人ですね」

「希望を持ってください」

前者は国外から韓国に移り住んでいる移住者、後者は障害者に対する代表的な侮辱表現の例として挙げられている。私は戸惑った。これらの表現は一見、褒め言葉や励ましの言葉のように見えるからだ。話し手には、ほんとうに称賛や励ましの意図があったのだろう。これらの言葉を発した当人に、このような表現が聞き手にとっては侮辱的に響くかもしれないと教えたら、どう反応するだろうか。話し手が「そんなつもりはなかった」と反論するのであれば、それで済まされるべきことなのだろうか。侮辱した者はいないのに、侮辱された者だけが存在するのだとすれば、侮辱と受け取った者が我慢するか、考え方を変えなければならないのだろうか。

これは、たんに特定の言葉を口にしないことだけで解決できる問題ではない。このような言葉がなぜ侮辱になるかを理解しないかぎり、表現だけが多少違っても、結果的に件《くだん》の言葉とあまり変わらない言葉を口にするか、非言語的な視線や行動による差別としてあらわれるだけだろう。他方で、その割には、このような言葉がなぜ侮辱になるのかを理解する方法は、そこまで難しくないのである。

それは「この言葉がどのように聞こえるのか」を当事者に直接聞いてみればいいのだ。国外から移り住んだ人々は、「すっかり韓国人」という言葉について、自分がいくら韓国で長く生活しても、われわれはあなたのことを完全なる韓国人とは見ていないという前提があるからこそ、侮辱的に感じられると述べた。もうひとつは、別に「韓国人になりたい」と思っていないのに、どうして「韓国人になった」という言葉が褒め言葉になるのかという問題提起だった。「あなたはほんとうの韓国人ではない」と言ったり、韓国人中心的な思考で発言するのは、いずれにせよ相手にとって気持ちのいいものではないのだ。

障害者に対する「希望を持って」という言葉も、同じく不当な前提のせいで侮辱的な発言と受けとられるという。だれかに希望を持てというのは、現在のその人の生活に「希望がない」ということを前提とする発言である。

障害者の人生には希望がないと当たり前のように思ってしまうこと、さらに根本的な理由として、自分の基準で他人の人生に価値づけをしようとするのが侮蔑だとかれらは述べた。たとえ障害者の生活に、社会的条件によって困難があったとしても、かれらに「希望を持て」と言うのはおかしい。障害者が希望を持つべきか否かという次元の問題ではなく、社会が変わらなければならない問題だからだ。

私をとりまく言葉や考え方をひとつひとつ確認していく作業は、まるで世の中をあらためて学ぶような感覚があった。私は他人を差別していないという考えは勘違いであり、思い込みにすぎなかった。だれかに対して「真に平等」に接し、その人を尊重するのであれば、それは自分の無意識にまで目を向ける作業を経たうえでなければならない。いわば、自分が認めたくない恥ずかしい自分を発見することである。

この世の多くの人々も、私と同じように勘違いしたり、それぞれの思い込みをかかえて生きているのだろう。女性、障害者、セクシュアル・マイノリティ（性的少数者）、移住者などを見下し侮辱する言葉や行動をとっても、自分は差別などしていないという人々がいる。ある人は、セクシュアル・マイノリティの人に向かって「〔あなたのことを〕愛しているから反対する」と叫び、暴力を振るっても、それを愛の表現であり正義だと信じている。あなたの行動は他の市民の存在を否定する人格の侮辱であり暴力だといくら訴えても、かれらはまったく聞き入れようとしない。

この果てしない平行線をどうすればいいだろう。このような問題を解決するため、韓国の市民社会は差別禁止法の制定を求めているが、政府と国会は「社会的合意」が必要だとくりかえし、手をこまねいている。ただ時間が経つだけでは、このギャップは自然には埋まらない。マイノリティを沈黙させるやり方では、いまの状況を解決することはできない。それは正義に反する結論であり、当事者らも黙っていないだろう。しかし、マイノリティが声をあげたところで、それをだれも聞いてくれないのであれば、行き詰まりの状況はこのまま続くはずだ。私たちはいったい何を「合意」できるのだろう？

本書は、そのような個人的かつ社会的な疑問から生まれた。それでも期待を持てることは、ほとんどの人が差別をしたくないと思っていることで、ただ、気づかれない差別が数多く存在するだけだということである。その結果として、私たちはあらゆる場で、みずからを善良な市民であり差別などしない人だと思い込んでいる「悪意なき差別主義者」に出会うことができる。私は、自分をふくむ多くの人々が、差別を差別として認識していないという奇妙な現象をたどってみることにした。幸いにも、すでに多くの研究者や学者が多彩な研究や議論を進めていた。私はそれらの人々の作業をたどりながら、近年韓国で起こったさまざまな事件に照らしあわせ、アイデアを結びつける作業をはじめた。

第Ⅰ部では、差別を差別として認識できない「悪意なき差別主義者」はいかにつくられるのかについて考えてみる。

1章では、私たちが慣れ親しんでいる日常の中の特権を振り返り、自分が立つ位置によって不平等が見えなくなる錯覚を取り上げる。2章は、時に流動的かつ交差しあう境界線で区分された集団によって、人々がおたがいを差別し、また差別される現象について考える。3章は、構造的差別に囲まれた社会の中では、差別される側の人でさえ、その秩序に従って考え行動することで、不平等の維持に加担してしまうという矛盾について述べる。

第Ⅱ部では、どのように差別が不可視化され、どのように「正当な差別」として偽装されるのかについて考える。

まず4章は、黒人仮装《ブラックフェイス》をめぐる論争からはじめ、だれかを貶《おとし》めるユーモアや冗談がもたらす効果について考える。5章は、非正規職員に対する差別のように、ある差別を公正なものだと思わせる能力主義の信念を解体する。6章では、公共施設で外国人の利用を拒否したり〔他の利用者と〕分離するなど、だれかを排除し分離する行為を正当化する現象を観察する。7章は、クィア・カルチャー・フェスティバル〔韓国における性的少数者の祝祭〕のように、可視化されたマイノリティをあつかう際の大衆の態度を通じて、公共の空間は果たしてだれのものなのかという問いを立てる。

第Ⅲ部では、第Ⅱ部までの内容をもとに、差別に対する私たちの姿勢について語る。8章では、差別に抗する努力が、〔多数派にとっては〕既存の社会秩序に対する脅威と認識される緊張関係について考える。多くの人々は、世の中にはすでに正義が存在すると信じたがっているが、社会の平等はいつも、不当な法律や体制に立ち向かう人々によって進歩してきた。9章では、

「みんなのトイレ」論争から、普遍的でありながら多様なすべての人を包摂するための探求の過程としての平等について語る。最後に、平等を実現するひとつの解決法として、差別禁止法をめぐる論争の意味に関する検討を10章に収録した。

本書では女性、障害者、セクシュアル・マイノリティ、移民に関する事件や論争をおもな内容として盛り込んでいる。しかし、本書で挙げるように、年齢、学歴、職業、出身地域、生活水準、家族状況、健康状態など、ある人間がマイノリティとして位置づけられる理由は数えきれないほど多い。このような内容を十分にあつかいきれなかったのは、紙幅の都合上の理由もあるが、依然として私の理解が足りていないせいでもある。相変わらず多くの差別は目に見えず、この本にも残念ながら間違いなく、後から恥ずかしくなるような内容がふくまれているはずだ。

本書にはアメリカ合衆国の歴史と研究に関する話題が多くとりあげられている。これもやはり、研究者である著者がアクセスできる資料の限界によるものである。さまざまな国に、それぞれが平等を実現するためにおこなった重要な闘いや変化の過程があったはずなのに、それらを十分に盛り込むことができなかったことを残念に思う。この本で紹介しているアメリカの例が絶対的な事例というよりは、私たちの社会の状況を理解するための、ひとつの観点を示す比較事例として理解してほしい。

差別に関する本の執筆を終えるいまこの瞬間にも、私は相変わらず差別についてよく知っているとは言いきれない。それにもかかわらず、私をとりまく社会を理解し、自己を省察しながら平等へのプロセスを歩みつづけることは、自分は差別をしていないという偽りの信仰よりも、はるかに貴重だということだけは明らかである。

これからも続くこの長い旅路を切り開いてくれた、3年前のシンポジウムで会った方の質問に感謝したい。また、読者の方々にも、この本がその3年前の質問のような存在になってほしいと願う。

差別はたいてい悪意のない人がする　目次

II 差別はどうやって不可視化されるのか

〔凡例〕

一、訳注は尹怡景と梁・永山聡子が分担執筆した。

一、訳注のうち、短い補足は〔　〕で文中に挿入し、長い注釈は注番号を付して章末にまとめて記載した。

一、原注は省略したが、一部の情報は訳注の中に含め〔原注による〕を付した。

一、原注で示された出典は、人名の後に（出版年）を入れ、巻末の参考文献一覧を参照できるようにした。

1

善良な差別主義者の誕生

1章 立ち位置が変われば風景も変わる

マジョリティ差別論

2013年7月、自分を「社会的弱者」だと称する男性が、漢江《ハンガン》に飛び降りて死亡した(＊1)。彼は生前、女性は「金も出さないくせに、ただ男性におごってもらったのを食っているだけ」だと強い口調で批判していた。彼は、女性たちが女性であることの恩恵を受けながら、義務や責任を負っていないと考えていた。そのため、女性家族部(＊2)、クォータ制(＊3)、女性専用施設など、女性のために つくられた制度は男性への不合理な「逆差別」だと思っていた。

彼はみずからを「男性の権利擁護活動家」だと考えていた。また、男女のあいだでの徹底した割り勘を主張する「男女平等主義者」だった。彼が数年にわたって、女性家族部を廃止すべきだと主張していた理由は、男性が疎外されない、男女の「平等」のためだった。彼は自分に着せられた女性嫌悪主義者という汚名に反発し、こう抗弁した。

「私がほんとうに女性のことが嫌いなら、このように細かく批判できると思いますか？ 違いますよ。私は女性を心から尊敬し、愛しています」

ほんとうに彼は、男女の平等を追求していたのだろうか。

2016年5月、江南《カンナム》駅付近にある商店街のトイレで、「女性に無視された」として、ひとりの男性が刃物を振り回して女性を殺害した。この事件以来、韓国社会において男女の対立がより鮮明に浮かび上がった。女性たちが性犯罪をはじめとする女性嫌悪犯罪の被害について声を高める一方、男性たちは、自分たちが潜在的な犯罪者としてあつかわれていると不平を訴えた。一方では、女性に対する差別や暴力の撤廃を求めているのに、もう一方では、女性を保護する政策は「男性に対する逆差別」だとの主張が続けられた。

一見、両者は相反する立場のように見えるが、皮肉なことに、双方とも自分たちが差別されていると訴えている。両者とも、平等の価値をかかげて現実を批判し、韓国社会に性差別が存在すると考えているところも同じである。ただ、どちらが不利な立場にあるかについての見解が異なるのだ。昔から、性差別の被害者は主として女性であり、女性の人権の向上が、重要な国政課題として位置づけられることに抵抗はなかった。いまや、このような状況は過去とは変わっている。いまでは、男性のほうが逆に差別を受けているという。ならば、女性が差別された時代はほんとうに終わったのだろうか。

このような差別論争は、他の場面でも見られる。韓国に移り住んでいる移住者のことを考えてみよう。韓国社会における移民は、1990年代から外国人労働者が、そして2000年代からは国際結婚による移住者が急激に増加した。

それによって、多様な言語と文化が可視化されはじめ、多様性を尊重しなければならないという多文化主義への議論がおこなわれるようになった。2012年には、セヌリ党〔当時の保守系与党。2020年に「国民の力党」に党名を変更〕でさえ、フィリピン出身の結婚移住者であるイ・ジャスミン議員を比例代表として当選させるくらい、多文化主義への流れに積極的に加わっていた。しかし、それとほぼ同時期に、反多文化主義派の声も高まりはじめた。ある人々は、外国人労働者のせいで韓国人の仕事が奪われており、結婚移住者は金目当てに結婚した人々だとするなど、海外からの移住者のせいで韓国人が被害を受けていると主張した。また、移民を支援する政策は韓国国民に対する不当な逆差別だと抗議した。

セクシュアル・マイノリティが韓国社会で可視化されるにつれ、こちらにも同じような状況が見えてきた。最初は「お嫁さんが男なんて聞いたこともない」と、伝統的な家族観にもとづいた批判からはじまった。2007年の差別禁止法制定の試み(*4)をきっかけに、キリスト教保守派団体を中心にセクシュアル・マイノリティへの反対運動がしだいに激しさを増し、セクシュアル・マイノリティの権利を保障すれば、血と汗を流して建てた国が滅び、キリスト教徒が被害を受けるといった主張が展開された。いまや「同性愛者による独裁が広がっている」と、自分たちこそ迫害されているのだとかれらは訴えている。少数のセクシュアル・マイノリティの人権を保障することが、性的多数派に対する逆差別になるという主張だ。

差別なんてない？

マイノリティのためにマジョリティ（多数者）が差別を受けるという「マジョリティ差別論」の主張は、果たして現実に存在するのだろうか？　マジョリティ差別論の主張を覗いてみると、それらは「マイノリティはもはや差別されていない」という前提からはじまっている。たとえ過去に差別された事実があったとしても、現在は解決済みのはずだという思い込みに拠っているのだ。そのため、マイノリティを助ける政策は「特権」に過ぎず、相対的にマジョリティにとっては不当な差別となる。1910年代イギリスの女性参政権獲得運動を描いた映画『サフラジェット』（邦題『未来を花束にして』、イギリス、2015年）を観て、ある学生がこう語った。「当時はほんとうに女性の権利がなかったから、ああいう過激な闘い方も当然でした。でも、いまの女性たちは投票もできるし、昔のように差別されてはいないですよね」

韓国社会に性差別がもはや存在しないという考えは、女性が政治家や管理職などのリーダー層に進出したことによって裏付けられている。たとえば女性が大統領になった事実、国家試験で女性の合格者が多いという事実などだ。実際には、韓国政府の発足以来70年間に女性大統領はたったひとりだけで、そもそも彼女が大統領になったのも、父親である元大統領の威光があったということ、また5級以上の国家公務員に女性が占める割合はいまだに20％に及ばず、高級公務員では5・2％に過ぎない（行政府所属、2017年現在）という事実は、ほとんど見ようとしない。

このような客観的かつ明確な指標があるにもかかわらず、つい差別の存在を否定したくなる。これは首をかしげたくなる現象だが、個人の認識をたどってみると納得できるようになる。女性が大統領や高級公務員のようなリーダー的地位に立ったり、かつては男性が大多数を占めていた職業についたりすると、それはすぐ可視化される。このような女性たちはすぐに目立つので、その数が多いように感じられる。中には、このような女性と自分の立場を比較して、相対的剥奪感（＊5）を覚える人もいるだろう。女性が「平均的に」不利だという事実は、あまりに抽象的で、なかなか響かない。一方で、目の前の女性が自分より良い条件や恵まれた立場にあるという事実は、具体的な感覚で経験できるものだ。

少数の〔恵まれた〕女性が存在するだけで、差別がないように見えるという奇妙な現象は、実験を通じても読み解くことができる。アメリカのある研究（Danaher & Branscombe 2010）で、男女の参加者を対象に、会社の新しい採用方針について質問した。現在、在職している女性職員の割合を2％だとし、今後採用する職員のうち、女性が50％の状況、10％の状況、2％の状況という三つの条件を提示した。仮に参加者自身がこの会社で働くとしたら、それぞれの条件に対して、どの程度好意的に反応するかを測定した。結果、女性の参加者は女性が50％を占める状況の場合「より公正」だと反応し、男性参加者は女性が2％の状況に対して「より公正」だと答えた。一方、女性が10％を占める状況については、男女ともに「公正」だという認識もある。

平等の観点からみれば、もっとも理想的な条件は、男女の割合が等しい最初の条件である。しかし、実験に参加した男性と女性が、いずれも公正であると同意した状況は、女性の割合が10％の状況であった。これは、女性職員が、いわば公正な装いのためのお飾り《トークン》にとどまるような状況といえる。トークニズム tokenism とは、このように、歴史的に排除された集団の構成員のうち、少数だけを受け入れる、名ばかりの差別是正措置をさす。

トークニズムは、被差別集団の構成員のごくわずかを受け入れるだけで、差別に対する怒りを和らげる効果があることが知られている。それによって、すべての人に機会が開かれているように見え、努力し能力を備えてさえいれば、だれもが成功できるという希望を与えるからである。結局、現実の状況は理想的な平等とは雲泥の差があるにもかかわらず、平等な社会がすでに達成されているかのような錯覚を引き起こす。

韓国における性差別は、どのような状況なのか。性差別を示す指標のひとつである所得格差を見てみよう。韓国雇用労働部が発表した女性の平均月収は、男性の64・7%に過ぎない（2017年現在）。この統計は、女性が経済的に不利な状況にあることを客観的に示している。しかし、女性の平均所得が統計的に少ないとしても、個別の出会いでは、つねに男性が女性より経済力で優位に立つとは言えない。すべての男性が、すべての女性より経済的に優位に立つ「完全な」不平等社会ではないかぎり、男性が自分よりも所得の高い女性に出会う確率は当然ある。

このように、社会的な不平等と、個人が日常的に経験する世界が、かならずしも一致しないというギャップが存在する。「割り勘」論争は、このギャップから生じたものである。男性だからといって、だれもが女性に比べて経済力があるわけでもないのに、そのように期待され、デートの費用を負担しなければならないのならば、その負担は個々の男性にとっては不当に感じられざるをえない。だが、そうだとしても、自分の周囲に男性より稼いでいる女性がいれば、女性に対する差別が存在しないと考えてもいいのだろうか。客観的な指標は、社会が依然として女性に不利だという事実を示しているのに、ジェンダー平等に関する政策に対して男性が感じる不合理さとは、いったい何だろうか？

移住者やセクシュアル・マイノリティに関する逆差別の主張も同じく、移住者やセクシュアル・マイノリティに対する差別はない、または「あったとしても不合理な差別ではない」という前提の上に成立する。マイノリティ保護の政策は、マジョリティが差別をしていることを前提とするものであるため、マジョリティの立場からは納得がいかないかもしれない。差別しているつもりがないのに、マイノリティが差別されているとして、その是正を求める政策は、マジョリティにとっては理不尽で不当なあつかいを受けているように感じられる。女性が安全で安心して暮らせる社会の実現を訴えることが、すべての男性を性犯罪者あつかいしていると感じられるように、自分が差別主義者あつかいされたような気がして、居心地が悪いのだ。〔それよりは〕自分の所属集団は差別をしない人々であり、社会にマイノリティ差別など存在しないと考えたほうがすっきりする。

たいていの人々は、平等な社会を志向し、差別に反対している。観念上ではそうだということである。結局のところ、マジョリティ差別論もまた、差別は正しいことではないという基本的な前提の上に成り立っている。私たちは、少なくとも平等という原則は道徳的に正しく、正義だと受けとめている。ほとんどの善良な市民にとって、だれかを差別したり、差別に加担したりすることは、いかなるかたちであれ、道徳的に許されないことである。差別が存在しないという思い込みは、もしかしたら、自分が差別などする人ではないことを望む、切実な願望のあらわれかもしれない。しかし残念ながら、そのように思い込んでいる人ほど、皮肉にも差別をしている可能性が高いのだ。

平凡に見える特権

「好意を見せ続けたら、相手はつけ上がる」。映画『生き残るための3つの取引』(韓国、2010年)に出てくる有名な台詞だ。映画の中でのこの台詞は、腐敗した検事に対する皮肉だった。劇中で、検事のチュ・ヤン(リュ・スンボム)は、警察のご機嫌を取らなければならない状況でこう言う。「好意を見せ続けたら、相手はつけ上がる。機嫌を取ってたら(私たちは)仕事ができない」。これは簡単にいうと、相手に配慮せず、自分の勝手にするという意志の表明である。あなたに優しくするのは私の善意に過ぎず、あなたの権利ではないと、自他の関係を設定することで、自分の無礼な言動を正当化するのである。

この言葉は、私たちの日常の中でも、相手の要求が不適切だという意味で使われている。ひとつ例を挙げてみよう。ある人が毎年、障害者施設にお金や物品を贈って支援していた。最初は寄付に対して大げさにお礼を言われたが、年月が経つほど、向こうからお礼を言われなくなってきた。数年後、施設の障害者たちがもはや寄付をありがたく思っていないようだったので、彼は支援をやめた。するとある日、施設から連絡がきた。どうして支援を続けてくれないのか、と。この言葉に、彼はふたたび機嫌が悪くなる。善意で与えていたのに、彼らはそれを権利だと思っているようだ。それで彼は支援をやめることにした。

このプロセスを国家単位に拡大しても、同じような状況に直面する。障害者のために国家が予算を割り当てることについて、とくに意見がなかった人でも、障害者が当然の権利として国家予算の執行を求めると、とたんに気に障る。障害者が公共交通機関を利用できるように予算の増額を求めるデモをすると、通りがかりの人から「国に感謝して生きていくべきだ」と注意される。感謝を示さない人には与えたい気持ちにならないと、デモの方法を問題視する。自分が善意を施すことはできるが、あなたにそれを要求する権利はないと言うのである。

善意と権利についての、このいわゆる「名言」は、不平等な権力関係を鮮明に見せてくれる。何かを施すことができる資源を持つ人は、善意のもとにそれをしたい。それは、自分が優位にある権力関係を揺るがすことなく「いい人」になれる方法だからだ。このような善意を見せつけるためのチャリティや政策は、ただの善良な行為ではない。こちらが相手をどう思うかによって施しを与えるべきか否かを決められ、資源を所有する側が完全にコントロールの権限を持つ、ある種の権力行為である。その権力とは、仮に相手が権利として何かを求めてきたら、その要求を言語道断であると非難する権利をもふくむ。

人々のあいだには権力関係がある。社会の中での自分の立ち位置によって、特権を有することもある。財産や政治権力を持つ者の特権は比較的目に見えやすいため、私たちは「特権」という言葉を、一部の財閥やエリート層の権力だと狭義にとらえる傾向がある。しかし特権とは、一部の人だけが享受するものではない。特権とは、与えられた社会的条件が自分にとって有利であったために得られた、あらゆる恩恵のことをさす。

不平等と差別に関する研究が進むにつれ、学者たちは平凡な人が持つ特権を発見しはじめた。ここで「発見」という言葉を使ったのには理由がある。このように日常的に享受する特権の多くは、意識的に努力して得たものではなく、すでに備えている条件であるため、たいていの人は気づかない。特権というのは、いわば「持てる者の余裕」であり、自分が持てる側だという事実にさえ気づいていない、自然で穏やかな状態である。

ひとつ例を挙げてみよう。多くの人は、少なくとも一度は市外バス〔おもに中距離の都市間を結ぶバス。座席の指定はない〕に乗った経験があるだろう。多くの人は、飛行機、ことにビジネスクラスでないかぎり、一般的な交通手段の利用を特権だとは思わない。市外バスの座席に座って、自分が特権を享受していると思う人はほとんどいないだろう――車いすに乗っただれかが、市外バスに乗りたがっているのを目撃するまでは。市外バスには車いす乗降用の設備がないため、乗車券を買ってもバスには乗れない。他の人は持たず、自分は持っている「あるもの」、この例からは市外バスに乗れる機会こそが、特権である。

自分には何の不便もない構造物や制度が、だれかにとっては障壁《バリア》になる瞬間、私たちは自分が享受する特権を発見する。普通に結婚することができる人は、それを特権だとは思わない。結婚ができない同性カップルの存在があらわれるまでは。生まれつき韓国国籍を有する人は、韓国で暮らすことを特権だとは思わない。韓国で暮らすために資格を取得しなければならない外国籍の人があらわれるまでは。しかし残念ながら、このような発見の機会は頻繁には訪れないのである。仮にその機会があったとしても、自分の特権に気づかない場合が多い。

アメリカ・ウェルズリー大学のペギー・マッキントッシュ教授は、フェミニズムのセミナーに参加した同僚男性の行動から、不思議なことを発見した。フェミニズムセミナーに参加するほど女性問題に関心のある同僚たちが、教育カリキュラムの中にジェンダーに関する内容を編成しようと提案されると、受け入れがたいと断ったのだ。明らかに善良な人々であるはずの同僚男性たちが、自分たちの持つ特権を認識していない現状を見て、マッキントッシュ氏は自分も、みずからが認識できていない特権を有しているはずだと感じた。

マッキントッシュ氏（1989）は、白人であることの日常的な特権として、白人特権 white privilege の46の例を盛り込んだ論文を発表した。その一部を紹介すると次の通りである。

- 私は子どもの安全のために、構造的な人種差別を意識して教える必要はない。

・私が口の中に食べ物を入れたまま話したとしても、肌の色を理由にバカにされることはない。
・私と同じ人種に属するすべての人々を代表して話すようにと言われることはない。
・私が店などで責任者を呼ぶと、ほぼ間違いなく自分と同じ人種の人が出てくる。
・私は自分の外見やふるまい、体臭で私の人種が評価されるということに気を遣う必要がない。
・私は、自分が働きたい分野で私と同じ人種の人が受け入れられているかを、その分野で働いている先輩に聞くことなく、より多くの選択肢について考えることができる。
・私がリーダーとして信用されていないとすれば、その理由は人種のせいだけではないだろう。

マッキントッシュ氏が作成した詳しいリストのおかげで、多くの白人たちは、自分の特権について考えるきっかけを得た。また、多くの人が、異なる種類の特権についてのリストを作成しはじめた。男性特権、階級特権、文化特権、国籍特権、異性愛者特権、非障害者特権、言語特権など、さまざまな種類のリストが作られた。たとえば、男性特権のリストには次のような内容がふくまれている。

・私がたびたび昇進に失敗した場合、その理由は性別のせいではないだろう。
・私は夜に公共の場所をひとりで歩くことを怖がる必要がない。
・私が責任者を呼ぶと、ほぼ間違いなく私と同じ性別の人が出てくる。さらに組織で地位が高い人ほど、そうであると確信できる。
・私の運転が不注意だからといって、人々はそれを私の性別のせいにはしないだろう。
・私が複数のパートナーと性的関係を持つからといって、非難されたり、軽蔑の対象にはならないだろう。
・私の外見が魅力的ではないとしても、それは大きな問題ではないし、なんでもないことだと思える。

これらの特権はたいてい見抜くのが難しい。白人や男性の身体で生きている人にとっては、自分の意図や努力とは無関係な、日常的で自然で、当然かつ正常な条件であり経験だからである。そうしたデメリットをこうむった経験がかれらにはないので、深く考える理由がない。怒りや恐怖、困惑、焦りのような感情を経験することもない。仮に自分に特権があるというシグナルが存在するとしたら、それは、大きな努力なしに周囲の信頼を得て、ありのままの自分を表現しても安全だと感じ、問題が発生しても解決できるという自信を持てることがそれだろう。つまり、周囲の環境が自分に合わせて作られていて、いつもまわりを意識している必要がないので、楽な状態のことだ。

自分が特権を有することに気づく確実なきっかけは、その特権が危うくなる経験をしたときである。もはや自分がマジョリティではない状況になり、以前とは違って不便になったときにはじめて、それまで享受していた特権をようやく発見できるのだ。韓国で主流の韓国人として生活していた人が、外国で異邦人として、不安で怖くて腹立たしい経験をしたことがあるなら理解しやすいだろう。しかし性別のように、なかなか逆の立場を経験しにくい条件の場合、一生その特権に気づけないかもしれない。

そのかわり、自分の位置が変わらなくても、社会の変化によって特権が感知されることもある。もしかすると、割り勘論争はこのような社会変化の兆しのひとつなのかもしれない。すべての人が平等な状態では、片方の集団が一方的に経済的負担を負う必要がない。しかし、男女の経済的格差は長いあいだ存在してきたし、経済的負担も不均衡に分配されていた。そもそも男女の経済力が平等であったならば、女性が男性に経済的に依存したり、男性が過重な経済的負担をかかえることもなかっただろう。

だとしたら、いま男性が理不尽さを感じているのは、ずっと存在していたにもかかわらず、認識できていなかった特権を自覚するシグナルだとも考えられる。既存の不平等な関係の中で望ましいと思われていた、ある慣習の合理性が疑われはじめたのである。費用を負担することで、男性は逆に、いままで男性が経済的優位に立っていたことを認識するようになる。これは、不平等だった関係が揺れだしてはじめて生じた亀裂であり、関係を揺るがす変化のおかげで気づくことができた、たいせつな発見である。

一部の人は、特権という言葉に依然として納得できないかもしれない。韓国人として、あるいは男性として生きていくことがこんなにつらいのに、どこが特権なのかと言われるかもしれない。「不平等」という言葉もそうだが、「特権」もやはり相対的な概念である。他の集団に比べて自然で気楽で、有利な秩序があるということは、絶対的に楽な人生だということを意味しない。

魚にたとえて考えてみよう。流れに沿って泳ぐ魚は、その流れを横切ったり、逆らって上流へと向かう魚よりは楽だ。とはいえ、流れに沿って泳ぐ魚を見て、ただ楽なだけだとは、かならずしも言えない。どんなかたちであれ、人生は私たちを苦しめる。そのうえ、与えられた機会が増えると、その分仕事も増えるし、ポジションが上がれば上がるほど責任は重くなるものだ。

ゆえに、だれの人生がより大変かという議論に結論を出すのは難しい。だが、「大変なのはみんな同じ」というお決まりの言葉も理屈に合わない。それよりは、みんながそれぞれの苦しみをかかえて生きていると考えなければならない。不平等な構造の中では、それぞれの人に与えられる機会と権利が異なるため、それぞれが異なる苦しみをかかえて生きている。ここで注目すべきは、こうした異なる種類の人生をつくりだす、構造的な不平等である。そのため、不平等について語る会話が「私は苦しいけれど、あなたは楽だよね」という争いになっては、解決策を導きだすことは難しい。そのかわりに、「あなたと私を苦しめる、この不平等について話しあおう」という共通のテーマについて語るべきなのである。

だれもが平等な社会であれば、みんなの生活は楽になるだろうか。答えだけを見ようとせず、まず質問そのものが正しいかを考えてみよう。私たちが権利や機会を要求するとき、結果として求めるのは、ただ楽な人生ではない。私たちは、施設に閉じ込められ、他人から与えられたものだけを食べて寝て、何の労働もせず生涯を送る人生を、人間らしい生き方とは思わない。このような生き方は、動物にとってさえ過酷なものである。不平等な立場にいる人が平等な権利と機会を求めるのは、他の人と同じように、リスクを覚悟して冒険し、自分なりの人生を生きていくための権利や機会という意味なのである。

傾いた公正性

意外なことに、人々はすでに慣れている不平等な状態から、なかなか抜け出そうとしない現実がある。バリントン・ムーア（2015）の著書『不正義――服従と反逆の社会的基盤』（*Injustice: The Social Bases of Obedience and Revolt*）によれば、人々は虐げられ抑圧された状況にあっても、不正義をあまり認識できないそうだ。人が不正義と認識するのは、慣れ親しみ自然だと思っていた状態が、自分にとって不利な状態に変わるときである。仮に、相対的に特権を持っていて、いまの体制が楽だと思っている人なら、平等への一歩を、望ましくないどころか「正しくない」とさえ思うかもしれない。

アメリカでは、「人種差別が昔に比べどれだけ改善されたと思うか」というアンケート調査で、白人は「かなり改善された」と回答し、黒人は「あまり改善されていない」と回答する傾向が続いている。ダニエル・カーネマンとエイモス・トベルスキー（1984）は、2002年にノーベル経済学賞を受賞したプロスペクト理論を通じて、人々は損失の可能性と利得の可能性のうち、損失の可能性のほうにより敏感に反応する「損失回避バイアス loss aversion bias」があると説明している。この理論を反映するかのように、アメリカ社会における人種差別の改善に対して、特権を失う側の白人は、黒人よりも差別が「改善されている」と体感する度合いが高い。

すでに特権を持った側の人間にとっては、社会が平等になることが損失として認識されるということだ。平等をゼロサム・ゲームとして認識するなら、相手が得るメリットはすなわち自分の損失だと考えられる。ジェンダー平等をめぐる論争でも、似たような緊張感が漂う。女性家族部がおこなった「2016年男女平等実態調査分析研究」(*6)によると、現在の韓国社会は女性に対して不平等な状況であるが、今後は不平等が減少すると予測されている。しかし同時に、男性にとって不平等な社会になるだろうという考えも示されている。平等を総量が一定の権利の配分をめぐる競争だと考えると、だれかの平等が自分の不平等につながるように感じられてしまう。ほんとうは、相手にとって社会が平等になれば、自分にとっても平等になると考えるのが論理的な考え方のはずなのに。

くりかえしになるが、ほとんどの人は平等という大原則に共感しており、差別に反対している。少なくとも、憲法にも明示された規範である平等と差別禁止の原則に、堂々と反対する人はほぼいない。しかし、相対的に特権を持った集団は、差別をあまり認識していないだけでなく、平等を実現するための措置に反対する理由や動機を持つようになる。その一方で、自分が差別をしているという事実を認めるのは難しいため、結果的に矛盾した態度をとるようになる。国家権力に対しては民主主義と人権を叫んできたのに、自分が持つマジョリティとしての特権を認識できず、差別的な態度をとる「進歩派」政治家を時おり見かけるように。問題は、このような作用のほとんどが自然に起こるという事実である。世の中に〔権利の〕傾斜があることを考えずに平等を求めると、不平等な解決策におちいりやすい。傾いた地面に立って両手で棒を持つと、棒もまた地面の傾斜に沿って傾くようなものだ。障害者の市外バス利用について、授業中に学生たちと議論したことがある。非障害者は数えきれないほど市外バスに乗っていながら、同じバスに障害者が乗車できないことに気づかなかったという会話を交わした。ところが、議論が終わってから、自分の考えをまとめるノートに、ある学生がこう書いた。

「障害者がバスに乗ると余計に時間がかかるから、その分、追加料金を払うべきではないでしょうか」

どうしてこんなふうに考えたのだろうか。この学生は、傾いた世界に立って公正性を語っていた。非障害者を中心に設計された秩序の内部から眺めると、バスのステップを上がることができないのは障害者自身の欠陥であり、他人に迷惑をかける行為である。だから障害者は非障害者より高い料金を払うのが公正だという結論になる。この学生は、最初から非障害者にとって有利な速度や効率性を基準にすること自体が「傾いた公正性」であることを認識できなかったのである。

政治家や公職者の失言も同様だ。世間を騒がせた炎上事例をみると、「非難する気はなかった」とか「善意から出た言葉だった」等と弁明する場合が多い。元慶尚北道《キョンサンプクト》教育監・李永愚《イヨンウ》氏は、教員研修の場で「女性教師は花嫁として最高」「未婚の女性教師は市場価値が高い」と発言した。女性教師を同僚としてではなく、たんなる花嫁候補として、さらに値段をつける商品のようにあつかう差別的な言葉だった。だからといって、選挙で選ばれるためつねに有権者の動きに敏感に反応する教育監（*7）が、本気で女性教師を侮蔑するつもりであったとは想像しがたい。おそらく、教育庁の説明通り、女性教師を褒めたたえたつもりだったのだろう。問題は、彼が立っていた傾いた地面から見える風景に慣れ親しんでいたことで、相手にとって差別的な発言になりうることをわかっていなかったことである。

多くの人は、知らず知らずのうちに、傾いた公正性を追求している。かれらはインターネットの書き込みや国民請願掲示板（*8）で、「外国人が凶悪犯罪を犯している」とし、移民の追放を要求しながら、自分は差別主義者ではないと主張している。一方では、憲法上の平等と差別禁止原則を護ると謳う政治家が、セクシュアル・マイノリティの権利をセクシュアル・マジョリティと同等に保障する政策や法律の制定に反対する。だれかにとっては辻褄が合わない話に、別のだれかはうなずく。だれかの目には、マイノリティに不利な方向に傾いていると映る世の中が、別のだれかには平等な社会に見える。前者の観点から平等を実現しようとする試みが、後者の目には「逆差別」に映る理由がここにある。

チェ・ギュソクのウェブコミック『錐《ソンゴッ》』では、それぞれの地位や状況によって変わる私たちの姿をこのように皮肉った。

「あなたたちは違うと言い切るな」

「立ち位置が変われば、風景も変わるんだ」

私はどこに立って、どんな風景を見ているのか。私が立っている地面は傾いているのか、それとも水平なのか。もし傾いているなら、私の位置はどのあたりなのか。この風景全体を眺めるためには、世の中から一歩外に出てみなければならない。それができないのなら、この世界がどのように傾いているのかを知るために、私と違う位置に立っている人と話しあってみなければならない。私たちの社会はほんとうに平等なのか。私はまだ、私たちの社会がユートピアに到達したとは思えない。私たちはまだ、差別の存在を否定するのではなく、もっと差別を発見しなければならない時代を生きているのだ。

＊1……2013年7月25日、「韓国男性の人権の現状を告発するため」として漢江に飛び降りるパフォーマンスをTwitterで予告。本人は泳ぎに自信があるとも語っていたが、結果として水死した。警察は当日の雨などの影響による事故死と結論づけた。

＊2　女性家族部……女性の地位向上に向け2001年に新設された女性部が2005年に名称変更した政府機関。

「部」は日本での「省」に当たる。
＊3　クォータ制……英語で「割り当て」の意味。構造的差別により力を生かす機会が少ない集団に機会をつくり、実質的な平等を実現するポジティブアクションのひとつ。第10章参照。
＊4　差別禁止法……2006年に国家人権委員会が差別禁止法制定を政府に勧告、2007年に政府は勧告案をもとに法案を提出したが成立に至らなかった。以後、国会で6度にわたり提出されながら未成立。第10章および解説参照。
＊5　相対的剝奪（感）……他者もしくは他集団と比べて、権利や資格など当然自分にあるべきものを奪われたように感じること。実際に失ったものがなくても、他者がより多くのものを持っているとき相対的に自分が何かを失ったように感じる。
＊6　女性家族部の調査によれば、現在、女性にとって不平等な社会だとする女性は74・2％だが、5年後の見通しとして、不平等が減少するとの回答は46・7％。男性の場合、現在の社会が女性にとって不平等だとするのは50・8％、5年後には不平等が減少するとの回答は26・6％であった。逆に、現在が男性にとって不平等な社会だとする女性は11・2％であり、5年後にはさらに不平等になるとする回答は19・1％。男性の場合、現在が男性にとって不平等な社会だとする回答は21・6％、5年後にはさらに不平等になるとする回答は30・6％であった（女性家族部「2016年男女平等実態調査分析研究」）。〔原注による〕
＊7　教育監……広域自治団体である特別市・広域市・道において教育・学芸に関する事務の執行機関であり、中央政府（教育人的資源部）の下級行政機関の地位をあわせ持つ。独人制であり、教育監選挙人団による投票で選出されるため実績、人柄なども重視される。
＊8　国民請願掲示板……文在寅政権が導入した、国民が政府に対する要望や苦情などを書き込めるインターネット掲示板。https://www1.president.go.kr/petitions

2章 私たちが立つ場所はひとつではない

弱者と弱者、連帯の失敗

2018年、約500人のイエメン難民が、内戦を逃れるため済州島《チェジュ》に押し寄せた。かれらの受け入れ問題について、人々は激しい議論を交わした。2018年7月4日に実施された、済州イエメン難民受け入れに関する世論調査（*1）では、男性の46・6％が受け入れに反対し、48・0％が賛成した。賛否が拮抗する結果となったが、賛成のほうが少し多かった。ところが、女性の立場は男性と大きく違っていた。60・1％が難民の受け入れに反対したのだ。賛成と答えたのは27・0％で、反対が賛成を大きく上まわった。圧倒的な反対だった。

奇妙なことである。研究によると、弱者の立場にいる人のほとんどは、他の弱者に共感する能力が高い。弱者は、不利益を受けた自分の経験から、他の弱者の状況を理解するため、マジョリティよりも寛容な態度を示すとされる。ペギー・マッキントッシュ氏（1章参照）も、女性として不利益を受けた経験があったため、白人としての自分が享受する特権を省察して、白人特権のリストを作成したのである。しかし、なぜ韓国の女性たちは、戦火を逃れて済州島に来た難民に対して、寛容ではなく排除する態度を見せたのか。しかも、女性に比べてマジョリティ集団である男性よりも、はるかに高い割合で反対したのはどうしてだろうか。

イエメン難民の受け入れに反対した人々が挙げたおもな理由のひとつは、「女性に対する性犯罪の可能性が高い」ということだった。多くの女性が、性犯罪への恐怖に共感しているようだった。女性たちの目に映る済州島に来たイエメン人は、「難民」というよりは「男性」だった。そして、イスラムという宗教を持つムスリム男性というレッテルが貼られていた。多くの女性は、ムスリムという言葉から連想する性差別的で暴力的な男性像と、その潜在的被害者である女性という構図から、この状況を眺めて判断をした。このような構図の中では女性は依然として被害者であり弱者だった。難民受け入れ反対は、女性がみずからを守るための正当な要求だったのだ。

そこに弱者と弱者の連帯はなく、女性たちは、難民よりも女性のほうが弱者だと主張した。では、ムスリム男性の難民は、ほんとうに男性としての権力を持っているのか。第1章で説明した男性特権を思い出してみよう。難民として韓国に来た人々は、前の章で述べたような特権的な男性とは、かけ離れているのではないだろうか。果たしてかれらは、韓国社会で「大きな努力なしに信頼を得て、ありのままの自分を表現しても安全だと感じ、問題が起きても解決できると自信を持つ」のだろうか？ 難民認定を受けることができれば、そのような男性特権を享受できるのだろうか？ 韓国の女性が、かれらを韓国の男性と同じ地位、もしくはより有力な地位にあると見るのは妥当なことだろうか？

「国民が優先だ」。難民受け入れに反対する集会にかかげられた、このスローガンを見れば一目瞭然だ。難民をめぐる議論の核心は、韓国社会が難民を受け入れるか否かだった。このときの権力関係は、難民受け入れを決定する権限を有する者と、その処分を受ける者とのあいだに存在する。国民は、韓国の地で暮らせる既得権益と、政府の難民政策に影響力を行使する権力を持っている。一方、外国人にはそのような権限がない。国民の反対に遭った政府は、2018年6月1日以降、済州島訪問時のビザ免除国の対象からイエメンを外した。

韓国の女性は、マイノリティ集団である女性としてではなく、マジョリティ集団である韓国国民として権力を行使した。女性としてはそれを感じることができなかったのに、韓国国民としては、相対的に「大きな努力なしに信頼を得て、ありのままの自分を表現しても安全だと感じ、問題が起きても解決できる」という感覚を持つことができる。普段気づくことのない、国民として享受する特権である。一方、済州島のイエメン人たちは疑惑の視線を向けられつづけた。性犯罪者あつかいされただけでなく、「偽装難民」と根本から疑われたのである。女性が「マジョリティ集団だ」などと言えば、不思議に聞こえるかもしれない。だが実際にそういうことが起こった。人は性別による地位以外にも、さまざまな多重的地位の複合体であるからだ。前章で「立ち位置が変われば風景も変わる」と述べたが、私たちはつねにひとつの場所にだけ立っているわけではないのだ。

複雑な世の中を理解するための、単純な方式

ホモ・カテゴリクス Homo categoricus。何ごとも分類してカテゴリ化しようとする人間をさす言葉である。対象が人間であれ動物であれ、人間はカテゴリ分けをする習慣がある。幼いころに楽しんだなぞなぞを思い出してみよう。リンゴとイチゴの共通点は？（答えはフルーツ）。マクワウリは果物なのか野菜なのか？（こちらの答えは、いつも曖昧だ）。人間は同じものと異なるものを分類する思考のプロセスを通じてカテゴリを作り、そのカテゴリを土台に世の中を理解する。ゴードン・オールポート（1979）は、著書『偏見の心理』（*The Nature of Prejudice*）でこのように述べた。

「人間の心は、カテゴリがあるからこそ思考ができる。（…）そうすることで、やっと秩序ある生活ができる」

表1　カテゴリ製造機

性別	年齢	職業	宗教	性的指向	出身国
女性	子ども	主婦	仏教	異性愛者	韓国
男性	青年	公務員	カトリック	同性愛者	アメリカ
トランスジェンダー男性	中年	農業労働者	プロテスタント	両性愛者（バイセクシュアル）	日本
トランスジェンダー女性	高齢者	教授	ムスリム	無性愛者（アセクシュアル）	イエメン

（出所）Mahzarin R. Banaji & Anthony G. Greenwald, *Blindspot : Hidden Biases of Good People*, Bantam, 2013, p.81の表を再構成したもの。

人について考えてみよう。地球上の人口は約77億人である。韓国だけでも約5000万人が住んでいる。このようにたくさんの人々を理解するためには、カテゴリを用いて考えたほうが理解しやすい。かれらをどうやって分類するのか。分類の仕方は数えきれないほど多いが、まずは性別、年齢、職業、宗教、性的指向、出身国などだ。マーザリン・バナージとアンソニー・グリーンワルド（2013）が『心の中のブラインド・スポット』（*Blindspot : Hidden Biases of Good People*）で説明した方式に従って、六つの基準をもとに**表1**のようなカテゴリを作ってみよう（紙幅の都合上、すべてのカテゴリを書くことはできず、任意で一部だけを書いた。読者自身の属するカテゴリがふくまれていなかった場合はご容赦いただきたい）。

このように人間を六つの次元によって分類できる。たとえば、この本を読んでいるあなたは、女性－青年－公務員－カトリック－異性愛者－韓国人かもしれない（もし正解だったら、あまり驚かないでほしい）。同様に、別の組み合わせも可能である。トランスジェンダー男性－中年－教授－ムスリム－両性愛者－アメリカ人を想像することもできる。このように、表1のカテゴリを交差していくと、4096のカテゴリが作られる。分類基準を追加したり、ある分類基準の中のカテゴリをさらに追加すれば（たとえば、職業の種類を100以上並べることもできる）、はるかに多くのカテゴリが作られるだろう（カテゴリ化しても、それでもやはり人間は複雑で多様な存在なのだ！）。

この簡単な表の中でさえ、可能なすべての組み合わせを思い浮かべることは容易ではない。ひとつの次元での分類は容易だが、複数の次元を交差して、4000種あまりを想像するのは難しい。そのかわり、人々は典型的で見慣れた組み合わせ、性別、年齢、人種、民族、職業などを思い浮かべる。バナージとグリーンワルドは、人にはあらかじめ設定された値であるデフォルト（既定値）というものがあると説明する。たとえば「アメリカ人」といったら白人－男性－成人のイメージを思い浮かべる。「韓国人」といえば、どんな特徴が浮かぶだろうか。もしかして男性－中年－会社員のような人物像ではないだろうか。また「イエメン人」については、どんな基礎的なイメージを持っているだろうか。

同時に人々は、カテゴリを区分する独特の特徴を見つける作業をする。たとえば私たちは、ある国を旅行するとき、その国の「国民性」について知りたがる。そしてその「国民性」を、見知らぬ土地で現地の人と接する際に、慌てたりミスをしたりしないために、あらかじめ知っ

ておくべき情報だと考える。そのような目的のためか、ある旅行業者は、韓国人の性格をいくつかの文章にまとめた。たとえば、

「韓国人は感情的だ」
「韓国人は忍耐力がない」
「韓国人は恥ずかしがり屋の人が多い」
「韓国人はルックスに執着する」

あなたはどのくらい共感できるだろう。もし、この文章を読んでいるあなたが韓国人なら、あなた自身の性格とどれくらい一致するだろうか。1990年代、外国映画に登場する韓国人のイメージは「金の亡者」だった。映画『フォーリング・ダウン』(アメリカ、1993年)に登場する韓国人の店主は、何か物を買わないと両替をしてくれない人で、リュック・ベッソンの『TAXi』(フランス、1998年)に登場する二人の韓国人は、お金を稼ぐために交替で車のトランクで寝泊りしながら運転する。これらの映画で、このように韓国人を描いたのは、たんに典型的な特徴の再現なのか、それとも、ある種の人種差別なのだろうか。

このように単純化されたイメージをステレオタイプ、あるいは固定観念と呼ぶ。ステレオタイプとは、もともと1700年代に、新聞の紙面のように1ページを丸ごと印刷するために作られた「ステロ版」をさす言葉として登場した。1922年、アメリカのジャーナリストであ

るウォルター・リップマン（1922）が、自分の著書『世論』（*Public Opinion*）でステレオタイプという言葉を使って以来、現在のような意味で使われるようになった。リップマンは、人々が頭の中に刻み込まれたイメージを用いて、現実には経験したことのない世界を描いていると考えた。人が外の世界を直接経験できる機会は少ない。それに対して、ステレオタイプを用いると、効率的で何かを理解しているような感覚が得られる。人々はこのような方式で世界を理解し、世論を形成する。

問題は、このように単純化する過程の中で間違いが起きるということである。一部の特徴を過剰に一般化した結果、すなわち偏見prejudiceである。固定観念（以下、ステレオタイプではなく固定観念という）と偏見の働き方を理解するため、各国の特徴について、もう少し述べてみよう。

先に述べた韓国人についての描写のように、特定の国の人を、ある特徴と関連づけて考えることはめずらしくない。ある国際結婚仲介業者のウェブサイトに、「国別の花嫁のメリット」というタイトルで掲載されている、ウズベキスタン、ベトナム、中国の女性のそれぞれの特徴を紹介しよう。

・ウズベキスタン女性の特徴　イスラム教の影響で、いまだに男尊女卑の考え方が定着しており、30～40年前の韓国女性のように素朴でけがれのない純粋さを持ち、夫を尊重し、家庭を最優先に考える、女必従夫型の花嫁が多いです。

・ベトナム女性の特徴　母系社会で、ほとんどの女性が農業を営みながら家事をこなせるほど生活力が高いです。また、ほとんどの女性が夫に従う従順な人柄で、目上の人を敬い、母性愛と子どもに対する高い教育熱を持ち、一度嫁げば一夫従事するという、母親の世代の伝統的な情緒や価値観を持っています。

・中国（漢族）女性の特徴　社会主義体制の中で成長したため、勤勉で質素な暮らしをしており、厳しい状況の中でも我慢して困難を乗り越える優れた忍耐力があります。

純粋、従順、敬う、質素、母性愛、生活力、忍耐力などの言葉が目立つ。また「男尊女卑」（社会的地位や権利において男性を女性より優待し尊重すること）、「女必従夫」（妻はかならず夫に従うべきである）、「一夫従事」（ひとりの夫だけに仕える）といった古い四字熟語も見える（それぞれの語義は韓国国立国語院の『標準国語大辞典』による）。韓国における結婚仲介業は営利事業である。これらの説明は、国際結婚を奨励する目的で書かれたもので、各国の女性をできるかぎりポジティブに描写しようとする意図があったはずだ。では、実際にこの説明はどれだけ正確なものなのだろうか？

固定観念は、対象そのものではなく自分の「頭の中にある絵」にすぎない。この頭の中の絵を対象そのものだと私たちは勘違いしているが、実はそれは自分自身なのだ。国際結婚仲介業者のサイトに紹介された国別の女性の特徴が、どれだけ事実に合っているのかは、この説明からはわからない。そのかわりに垣間見えるのは、国際結婚をしようとする人や、それを仲介する人の頭の中の観念である。従順、男尊女卑、女必従夫などの言葉が使われるのを見れば、かれらは男性優越主義を維持できる関係としての結婚を想像しているのだ。固定観念は、自分の価値体系をあらわす、ある種の自己告白になる。

前記の国際結婚仲介業者のサイトに描かれた外国人女性のイメージは、彼女たちが実際に韓国にやってくると、違う角度に変わってしまう。従順で目上の人を敬う花嫁として、韓国人に利益をもたらす存在というイメージのかわりに、移住者として韓国人に損害を与える存在と描写されるイメージが登場する。たとえば「金目当てに貧しい国からやってきた」と見下したり、「あの人たちのために税金が使われるのは嫌だ」と支援政策に反対したり、「自分の国に帰れ！」と反感を示すこともある。結婚移住をする女性自身が変わったわけではない。彼女たちを見る韓国人の視線が変わったのだ。

固定観念は一種の錯覚だが、その影響力は相当強い。いったん心の中に入ってしまうと、ある種のバグのように情報処理を攪乱する。人々は、自分の固定観念に合致する事実にだけ注目し、そのような事実をより記憶し、結果的に、ますます固定観念を強固にしていくサイクルが作られる。一方で、固定観念に合致しない事実にはあまり注意を払わない。固定観念を覆すような事例を見かけたとしても、なかなか考えを変えようとしない。かわりに、その事例を典型的ではない特異なケースとみなし、例外として取りあつかうのである。固定観念が活発に働く状態にある人に、いくら反証事例を提示しても、なかなか考えを変えないのはそのためである。

1983年に、ジョン・ダーリーとパジェット・グロス（1983）がおこなった研究は、固定観念が無意識に与える影響を明らかにしている。研究チームは、二つのグループに分けた大学生に、「ハンナ」という子どもについて説明した。この際、ハンナの家庭環境について、片方のグループには低所得層、もう片方には富裕層だと異なる情報を与えた。1回目の実験では、与えられた情報だけでハンナの学力を評価させた。参加者たちは躊躇しながら、家庭環境に関する情報だけでは判断できないという反応を示した。実際に、ハンナに対する評価結果にはほとんど差がなかった。

しかし、2回目の実験の結果は異なり、ハンナが問題を解く動画を二つのグループに見せた。まったく同じ内容の動画だった。ところが、グループごとの評価はそれぞれ異なった。ハンナが富裕層だと思っているグループは、低所得層だと思っているグループより、ハンナの学力を高く評価した。かれらはハンナがより多く正解していると思い、より肯定的にハンナの行動を評価した。なぜこのような結果になったのだろうか。参加者らは固定観念を意識していなかったが、固定観念が働き、情報処理を攪乱した。人々は固定観念に合致する情報を選択的に拾い上げ、そのために偏った判断を下すようになった。

このように、人を区分する境界に沿って固定観念が生じることにより、人々の態度も変わる。この境界がどのように作動するのかについて、もう少し考えてみよう。

動く境界

平昌《ピョンチャン》冬季五輪を控えていた2018年2月、19人の外国人が、韓国代表として五輪に出場するため韓国の国籍を取得した。男子アイスホッケーは25人中7人が、女子アイスホッケーは23人中4人が外国出身選手だった。なかには同胞〔海外に居住する韓国系外国人〕や養子（＊2）のように、もともと同じ民族であった人もいた。だとしても、多くの韓国人は、それまで韓国社会で暮らしたことのなかった見知らぬ外国人に、国籍というメンバーシップを快く与え、「私たちのチーム」と呼んで応援した。済州島のイエメン難民の受け入れに反対する声が高まる、わずか数日前のことだった。

一方で、いくら長いあいだ韓国社会で暮らしていた人でも、「私たち」として受け入れられない場合は少なくない。モンゴル国籍の17歳のヒョンホ（仮名）の話と比べてみよう。ヒョンホは、モンゴル国籍の母親と一緒に7歳から韓国で暮らしていた。2012年、高校2年生だったヒョンホは、ある日、友人のけんかをやめさせようとしたなかで巻き添えになり、警察署に行くことになった。ヒョンホは明らかに無実だったが、その過程で、ヒョンホが韓国滞在資格のない未登録状態だったことが明らかになった。ヒョンホはあっという間に外国人保護所〔日本の入国管理局収容施設に当たる〕に収容され、退去強制を命じられた。ヒョンホは韓国で韓国人と一緒に10年間暮らしていたが、五輪出場チームには快く与えられた国籍はもちろん、韓国に残ることができる滞在資格さえ得られなかった。

むろん、この二つの例は同じ事案ではない。4年に一度開かれる五輪のために19人を厳選して国籍を付与することと、何人いるかわからない未登録児童のために国籍や滞在資格を付与することは違うことだろう。

しかし、かれらに対する社会の態度の差は、単純に移民政策について理性的に考えるというレベルを超えている。「私たち」として歓待する姿勢と「かれら」として排除する姿勢のあいだには、明らかな感情の温度差が存在する。また、歓待の理由は何だろうか。数回の五輪出場が韓国社会に貢献する役割のほうが、ほんとうに大きいからだろうか。もしかしたら、ヒョンホが韓国に残って、社会の構成員として一生のあいだに成し遂げる寄与のほうが、もっと大きかったのではないだろうか。どうして私たちは、このような仮定すらしようとせずにだれかを排斥するのだろうか。

「私たち」と「かれら」という感覚の差は、二つの集団を分ける境界から生じる。研究によると、人々は自分が属していない他の集団、すなわち「かれら」を簡単に単純化する傾向がある。自分が属している「ウチ」は相対的に複雑かつ多様で、より人間的だと感じられる。一方、「ソト」の人々は単調で均質で、人間的ではないと感じられる。ウチとソトの違いを誇張して考えることもある。そのようにして自分を中心に集団を分ける心の境界に沿って、「かれら」に対する固定観念と偏見が作られる。外国人に対する態度も、この心の境界によって変わってくる。

研究者たちは、この境界がどのように生じるのかに関心を示した。ヘンリー・タジフェルら(1971)は実験を通じて、この境界が何の意味もない、任意の基準で作られることを示した。1971年におこなわれた実験で、参加者たちは、二人の画家の絵を左右に並べた数枚のスライドを見せられて、自分の好みを左側または右側と回答した。研究チームは、参加者たちに、かれらの好みによって集団が分けられたと伝えたが、実際は回答とは関係なく任意に分けられた集団だった。そして、ある集団は「バシリ・カンディンスキーを好む集団」、他方の集団は「パウル・クレーを好む集団」だと(嘘を)知らせた。

実際は、この二つの集団は、構成員のあいだに何の関連性もなく作られたものだった。しかし、簡単な課題を与えると、両集団はほんとうの「集団」のように行動しはじめた。研究チームは参加者に紙を配り、「カンディンスキー・チーム」のメンバーと「クレー・チーム」のメンバーに点数をつけるように言った。実験の結果、参加者は平均的に、自分と同じ集団のメンバーにより高い点数をつけた。他の実験でも似たような結果が得られた。偽の性格検査をおこない、その結果によって集団を分け、単純に個人的な怒りの感情を思い浮かべさせることだけで、参加者は「ソト」の集団構成員を否定的に評価した。デイヴィッド・デステノら(2004)は、このような現象について、「架空の偏見 prejudice from thin air」が自動的に生み出されると述べた。

二つの集団がライバル関係になった場合、どのようなことが起こるのだろうか。条件が似ている集団のあいだでも、状況によっては極度の集団間葛藤が生じるということを示す研究がある。1954年におこなわれた「ロバーズ・ケイブ実験 Robbers Cave Experiment」という研究である。ムザファー・シェリフら(1988)は、一定の条件を持つ児童22人を、できるだけ同質に分けた二つのグループにしてサマーキャンプをおこなった。両グループの名前はそれぞれ「イーグルス・チーム」と「ラトルスネーク(ガラガラヘビ)・チーム」だった。1週目には、おたがいのグループの存在を知らせないままにした。2週目には、両グループを出会わせた後、景品を用意して、野球や綱引きなどの勝敗がつくゲームをおこなった。両グループはおたがいを非難し、相手に罵声を浴びせはじめた。その後も子どもたちは敵愾心《てきがいしん》を燃やし、殴りあいが続き、葛藤が深まってしまった。実験の最終段階で、両グループが協力せざるをえない共通の目標を提示すると、グループ間の緊張は徐々に軽減されたのである。

これらの研究を見れば、集団の境界は思うほど強固なものではないことがわかるだろう。集団を分ける境界は状況によって作られ、また動く。韓国社会での経験からしても、韓国に外国人が入ってくることに反対して「国民が優先だ」と叫んでいた人たちが、同時に五輪競技のためには見知らぬ外国人を国民として迎えている。「私たち」と「かれら」の境界は、国籍という客観的な事実にではなく、どこまでを「私たち」と認識するかによる主観的な観念にかかっていると言えるだろう。確かなことは、その中にある特定の境界線に沿って、私たちは「ウチ」の人には親切で献身する人になり、「ソト」の人には薄情で、ときには冷酷な人にもなれる傾向があるという点だ。

この際、「私たち」と「かれら」を分ける境界は国籍だけでなく、性別、障害、年齢、宗教、家族状況、学歴、地域、性的指向、ジェンダー・アイデンティティなど、数多くの分類基準とカテゴリによって多層的に存在しうるのだ。人間をさまざまな次元のカテゴリに区分する分け方の数に応じて、集団もほぼ無限に生成される。当然ながら、個人はさまざまな次元の集団に同時に属することになる。そのため、状況によっては差別を受ける集団に属する場合もあるが、逆に特権を享受する集団に属する場合もあるだろうし、差別を受ける複数の集団に属していて、複合的な差別を同時に受ける場合もある。

交差点で起きていること

なぞなぞをひとつ出してみよう。Ａという会社では、従業員のうち半分は黒人で、半分は女性である。しかし、黒人の女性はひとりもいない。いったいどうしたことだろう？　答えは、黒人は全員が男性で、女性は全員が白人だからである。それでもＡ社は、巧妙な手口で、人種差別や性差別の判定基準をすり抜けた。この会社には黒人と女性が十分に雇用されているからだ。社会が「黒人」と口にするとき男性を思い浮かべ、「女性」と口にするとき白人を思い浮かべるとしたら、事実上、黒人の女性は存在しないことになる。このような状況について、キンバリー・クレンショー（＊3）は、インターセクショナリティ（交差性）の問題を提起した。

実際、このような事件があった。ゼネラルモーターズ（ＧＭ）には、従業員の中に黒人女性がひとりもいなかった。1964年以前にはまったくいなかったし、70年以降に雇用された黒人女性は全員がリストラされた。解雇された5人の黒人女性が、性差別と人種差別を問題視して裁判を起こしたが、裁判所は問題に同意しなかった。ＧＭがそれまで女性を雇用してきたため、性差別はないと判断したのだ。また人種差別の問題については、黒人男性従業員が提起した別の訴訟とまとめて判断することにされた。黒人女性に対する差別は、別の案件として考慮すべきだという主張は受け入れられなかった。

どこが問題だったのだろう。差別を単一の次元からのみ見ようとすると歪みが生じてしまう、いい事例だ。一元的な発想で差別にアプローチするやり方は、他の次元では特権を持っており、ただひとつの問題だけ解決できればいい人にとっては意味がある。たとえば黒人でありながら異性愛者の男性は、人種差別の問題さえなければ主流になれる。同様に、女性でありながら白人の異性愛者である人は、性差別の問題さえなければ主流になれる。では、ある人が黒人女性でかつ同性愛者の場合はどうだろうか。前述した黒人女性の事例のように、差別に対して一面的にアプローチすると、どこからも救済されない人々が出てしまう。黒人の集団の中でも、女性の集団の中でも周縁化されることで、黒人女性に対する差別は隠蔽されている現実がある。

クレンショーは、人間が多面的な存在であることを考慮しなければ、このような過ちが生じると指摘する。クレンショー（1989）の論文「人種と性の交差点を脱周縁化する――反差別理論、フェミニスト理論、反人種主義政治に対する黒人フェミニスト批評」では、こうした交差性を、交差点で起きた交通事故にたとえて説明している。人種差別と性差別が交差する交差点で事故が起こった場合、簡単にその原因を究明することができるだろうか。二つの差別のうち片方だけで説明することもできるが、二つの差別が重なったり、あるいは結合した結果として、独特な第三のかたちであらわれることもあるのだ。

人種をまたいだ性犯罪は、この交差点で怪しい動きを生み出す。黒人男性が白人女性をレイプすることは、アメリカ社会において歴史的に大変な恐怖をもたらしてきた。その結果、多くの黒人男性がリンチ（非合法な私刑）を受けた。この際に、白人女性に純潔を求めるのも、その純潔を奪った黒人男性に怒りをあらわにするのも、白人男性だった。黒人男性へ向けられた怒りは、白人男性の性差別を巧妙に隠蔽した。白人男性が白人女性の保護者を名乗り、性犯罪は黒人だけの問題であるかのように非難の矛先を向けた。一見すると社会が女性の安全を考えているようだが、実際には、人種的な偏見が著しく強まったに過ぎなかった。

このような状況下で、黒人女性は女性として、白人女性と同等に保護されただろうか。そんなことはなかった。黒人女性は白人女性と違って、性的に乱れていると思われていた。白人男性が黒人女性を対象とした性犯罪は、白人男性の権力のせいで、法廷でもまともに取りあつかわれなかった。加害者が黒人男性の場合でも、黒人女性は困難に直面した。黒人男性を性犯罪者と見る人種的偏見を強化するのを恐れ、黒人女性は黒人男性による性犯罪を表面化することができなかった。同じ女性であっても、人種によって置かれた状況はかように違ったのである。

1991年、黒人女性のアニタ・ヒルは、黒人男性として最高裁判事の候補に指名されたクラレンス・トーマスにセクシュアル・ハラスメントを受けたと公に暴露した。当時ロースクール教授だったヒルは議会公聴会に出席し、過去トーマスが上官として自分にしたことを証言した。トーマスは、ヒルの主張が「アフリカ系判事に対するハイテク・リンチ」だと反論し、人種差別だと主張した。「リンチ」という言葉で彼は、自分に対する疑惑を人種差別の問題にすり替え、結局、連邦最高裁判所の判事になった。一方、ヒルは公聴会の後、非難にさらされ、在職していた大学を去らなければならなかった。ヒルが白人女性だったとしても、状況は変わらなかっただろうか？　ヒルは、女性としても黒人としても、完全にはとらえきれない差別の交差点に立っていたのだ。

2018年、韓国の人々が、女性の安全を理由にイエメン難民の受け入れに反対したことは前に述べた。多くの人がイエメンの性差別的文化について論評した。しかし、この話題はおもにイエメン人に対する人種的偏見を強化し、排除を正当化するための根拠として語られた。人々は、現実のイエメンの女性にどれだけ関心を持っていたのだろうか。実際、済州島に上陸したイエメン難民500人の中には45人の女性がいたが、難民の全員が男性だという噂が、あたかもそう信じたかったかのように、事実として流されたのだ。まるでイエメン女性の存在を打ち消そうとするかのように。「女性の安全」を叫ぶ韓国社会に、イエメン人女性の居場所はなかったということだ。まさに、この事例こそが、1851年に「私は女性ではないのですか？」と叫んだ黒人女性ソジャーナ・トゥルース（＊4）がいまだに話題になる理由である。

差別を眺めるとき、性別や人種という軸に加えて国籍、宗教、出身国・地域、社会経済的地位などの軸を加えると、状況はさらに複雑になる。一次元から二次元へ、三次元からそれ以上の多次元に発展する論議を、すべて解決することは不可能に近い。しかし、その事実とは別に、差別の経験をひとつの軸だけで説明することはできないという事実を理解することは難しくないだろう。女性が男性に比べて差別を受けているとしても、外国人男性に比べて韓国の女性がより差別を受けているとは言いがたい。仮に、この韓国の女性が障害者だったり、外国人男性が経済的に豊かであったりといった別の軸が加われば、差別の程度はさらに判別しにくくなる。

難しく複雑な問題である。しかし、この多重性について考察してみることで、自分が差別を受ける側にもなるが、差別する側にもなりうるということを、ようやく発見できるのだ。女性として差別を受けているとしても、すべての側面で弱者というわけではない。社会経済的な不平等によって生活が苦しいからといって、つねに弱者の位置にいるわけでもない。さまざまな理由で幾重にも重なった差別を受ける人、差別を受ける集団の中でさらに差別を受ける人もいる。差別とは、二つの集団を比較する二分法に見えるが、その二分法を複数の次元に重ねて立体的に見てこそ、差別の現実を多少なりと理解することができるのだ。

済州島のイエメン難民を排除する理由は、性犯罪に関することだけではなかった。「ムスリムはテロリストだ」「かれらにとって殺人は日常茶飯事だ」「難民を支援する税金がもったいない」「ほんとうの難民ではなく、金を稼ぐために来たのだ」といった話が絶えなかった。かれらはイエメン難民を、自国民を脅かしたり、競争する相手と位置づけ、集団的な敵意を示した。難民認定制度の廃止を求める国民請願掲示板の投稿には、71万4875人が賛同署名した。この数は国民請願掲示板の開始以来、最多の人が署名した請願となった（2018年当時）。イエメン人への恐怖を助長する言説が虚偽であることを知らせるために書かれたファクトチェック記事も、あまり役に立たなかった。人々はすでに固定観念を内面化していたため、考えはあまり変わらなかったのだ。同時に人々は、自分は人種差別主義者ではないし、自分の意見はヘイトスピーチや差別ではないと反論した。2018年8月には、韓国政府が国連人種差別撤廃条約をきちんと守っているかを審議する「人種差別の撤廃に関する委員会」（CERD）の会議を控えて、市民社会が主催した討論会が開かれた。『聯合ニュース』はこの討論会を報じて、済州島イエメン難民問題をはじめとする難民認定手続きの問題点に関する内容を盛り込んだ記事を紹介した。すると、7000件あまりのコメントが書き込まれた。多くが難民の受け入れに反対する意見だったが、なかには次のような内容もふくまれていた。

「ほんとうにとても腹が立ちます。国民のことを人種差別主義者あつかいしているのか」

「子ども二人を育児中の一般市民です。排外主義者でも極右派でもありません！」

私たちは「差別主義者」をどんな人だとイメージしているだろうか。

固定観念は、何かの「過ち」を犯した人に対しても存在する。私たちは犯罪者のことを考えるとき、映画で見たような極端な悪人を想像する。実際に犯罪が発生したとき、加害者を知る人が「そんな人ではないのに」と反応するのは、犯罪者に対する誇張された固定観念を持っている証しである。差別もそうだ。白人至上主義団体のKKKのように、殺人や放火などの犯罪を犯す非道で奇怪な姿を想像しているなら、自分は絶対にそのような人ではないと考えるだろう。しかし、差別は私たちが思うよりも平凡で日常的なものである。固定観念を持つことも、他の集団に敵愾心を持つことも、きわめて容易なことだ。だれかを差別しない可能性なんて、実はほとんど存在しない。

＊1　「リアルメーター調査　第2次済州イエメン難民受け入れのための国民世論調査」2018年7月4日。（原注による）

＊2　ここでは、おもに朝鮮戦争による戦争孤児や貧困のため海外へ送られた子どもをさす。朝鮮戦争で親を亡くした子どもは約10万人に達した。

＊3　キンバリー・クレンショー（1959－　）……黒人女性の法学者・弁護士・人権活動家。1989年に発表した論文で、人種や性別、性的指向といった個人のアイデンティティが交差したときに差別や抑圧の経験が生じるというインターセクショナリティ（交差性）の概念を提起した。

＊4　ソジャーナ・トゥルース（1797－1883）……アメリカの奴隷解放活動家。本名はイザベラ・ボームフリー（のちバウムフリーに改名）。ニューヨーク州に奴隷として生まれ、奴隷制廃止により解放。1851年オハイオ州アクロンでの女性会議で「私は女性ではないのですか Ain't I a Woman?」と演説したことで知られる。

3章 鳥には鳥かごが見えない

レッテルと染み

あるネットコミュニティに、ひとつの質問が投稿された。

「〇〇大学の地方分校キャンパスに対する人々の認識は、どうでしょうか」

すると、控えめなコメントが書き込まれた。

「在学生には敏感な質問かもしれないので、ここでストレートに書くのはちょっと困ります」

控えめにはじまったやりとりだったが、少しずつ本音が語られるようになっていった。

「正直あまり良くないです。人にバカにされた経験などは数えきれない」

「分キャン（分校キャンパス）の学生に貼られたレッテルは一生剝がれません。そのすべてを耐え忍ぶ自信があれば、どうぞ」

続いて、本校に通っているという、ある学生がコメントを書き込んだ。

「学校のみんなは分校に興味もないし、仮にあったとしても、敵対的」

コメントのやりとりは、ますますおたがいの本音をぶつけあいながら続いた。そこで、自分も本校に通っているという別の学生がこう答えた。

「分キャンを同じ学校だと考えたことはありません。正直、本校生の立場からするとムカつきます。もしかして分校？　と聞かれるんですよ。分校の存在によって本校のブランドに染みがつくと思うのは、言いすぎでしょうか」

このコメントには、次のような返信がつけられた。

「分キャンの卒業生です。染みをつけてしまってほんとうに申し訳ないですね。あはは」

おそらくは、入試に対する悩みから出発したはずの遠慮深い質問は、「レッテル」と「染み」というキーワードで底を打ってしまったように見えた。分校に対するネガティブな言葉が飛び交う、この投稿の中で、自分が分校出身だと名乗ったある人は、このようにアドバイスをしていた。

「学内外において、分校に対する認識の違いがあることは、みずから甘受しなければならないところですね。優秀だったら当然本キャン（本校）に進学できたはずだから。私は本キャンでも授業を取ったりして、それなりに楽しく通っていたと思います」

彼は、分校生に対する周囲の不愉快な視線があったとしても、本人が甘受しなければならないと述べた。本校に進学する機会はだれにでもあり、その機会を勝ち取ることに失敗した者は結果を受け入れなければならないからだと言わんばかりだ。

私の学生たちと、これと同じような話をしたことがある。本校と分校の対立についてのディスカッションで、学生たちは、地方大学だという理由で差別的な発言をするのは問題があると声を強めた。しかし、本校生が分校生を排除すること自体には、「それはわかる」と理解を示した。

「だって、一所懸命に勉強して本校に入ったのに、同じわけがないでしょう」

このような会話は非常に気まずい。大学の序列という、だれもが知っているものの、言い出しにくいタブーにふれるからだ。いくら慎重に言葉を選んでも、本音を素直に話した瞬間、傷ついてしまう人がいる。しかし、両者ともに、この秩序を変えるつもりはあまりないようだ。ただ「甘受せよ」と言うだけ。どうしてなのだろう。

思いが現実になる

もう少し根本的に考えてみよう。いわゆる名門大学が人気なのはなぜだろうか。名門大学のほうが教育の質が高いからだろうか。より優秀な人材になれるチャンスがあるから、名門大学を好むのだろうか。それとも大学の「ブランド力」のためなのだろうか。つまり、とくに何かをがんばらなくても、その大学に通っているという事実だけでメリットがあるからだろうか。むろん、どれかひとつが原因だと決めつけることはできない。どうやら前述した本校と分校のあいだの軋轢《あつれき》は、たんに教育の質に関する激論ではなさそうだ。それよりも「ブランド力」をめぐる問題のように見える。いったい「ブランド力」とは何なのだろうか？

人々は特定の大学に対するイメージを持っている。頭の中の絵、すなわち固定観念だ。この固定観念は、大学に関する具体的な情報にもとづいて形成されたイメージではない場合が多い。各大学を直接訪問して比較分析し、大学の特徴や優秀性を把握することは容易ではないからだ。にもかかわらず、人々はイメージだけでその大学のことを知っていると思い込んでいる。実際、大半の人が大学入試に向けた準備をしながら、ランキング形式の偏差値一覧を通じて、はじめて大学の名前を目にする。そして、志願可能な学校と学科を成績順に並べたランキングの順に、大学の序列を内在化する。

韓国社会で大学入試が重要視される理由は、卒業大学が就職、結婚など人生全般に影響をおよぼすからだ。どうせなら、序列上位の大学に入ったほうが有利である。研究結果を見ると、実際に大学卒業後の賃金と生活の満足度は、出身大学によって差がある。名門大学を卒業した人がより高い賃金を得る「賃金プレミアム」も存在する。上位ランクの大学を卒業した人のほうが将来の生活全般の満足度も高かったので、「幸せは成績順である」という研究結果が出たこともある。

学閥によって遠い未来の人生までが決まると過剰に予見する現象は、たんに個人の能力や努力だけでは説明できない。人生の特定の時点における特定の方式の試験が、人の数十年後の未来まで予測可能にする、驚異的に正確な指標だなどということは信じがたい。むろん、大学による教育の質や人脈、機会など、大学そのものが与える効果もあるだろう。しかし、多くの人が経験的に知っているように、大学の「ブランド力」の重要性は看過できない。実際にその「ブランド力」が、個人の能力や機会もつくりだす。どういう意味なのか考えてみよう。

固定観念は、否定的な影響だけでなく、肯定的に作用する場合もある。いわゆる名門大学に通い、卒業した人は、その大学の出身という事実だけでも「賢くて能力のある人」という肯定的な固定観念を獲得する。一種の有利な偏見だが、これが実際に現実をつくりだす。日常的な出会いや各種の社会的活動において、多くの人が名門大学出身の人に好意を持って接し、活動のチャンスを与えるためである。名門大学の学生は、かれらに与えられるさまざまなチャンスを通じて成長し、能力を発揮することができる。このような循環で、偏見は現実となり、現実がふたたび固定観念を強化するしくみをつくっていくのだ。

一方、地方大学の学生や、大学に行かなかった人は、相対的に否定的な固定観念を得る。有利な偏見がメリットになるように、不利な偏見はデメリットをもたらす。いわゆる名門大学に進学できなかった学生は、相対的に「優秀ではなく、誠実さに欠け、努力が足りず、仕事ができなそう」という予断のもとに評価される。そして残念なことに、予断は現実になる。社会が偏見にもとづいて、かれらに相対的に活動の機会を与えず、同じ成果に対して低い評価をすることなどによって、個人の成長や発展を阻害するからである。

集団に対する固定観念は外部の視線からはじまるが、その構成員が自分自身を見つめる内面の視線にもなりうる。人は集団に所属意識を持ち、その集団を自分のアイデンティティの一部として受け入れる。いわば社会的なアイデンティティを形成するのである。この際、集団と自分とを同一視するため、集団に対する固定観念を自分自身に対する固定観念として吸収し、その固定観念が行動に影響をおよぼす。どのような固定観念を内面化するかによって、本人の力量が高くなったり低くなったりする。

アーヴィング・ゴッフマン（1963）は、否定的な固定観念であるスティグマ stigma が内面化される現象に注目した。他者の視線で自分の価値を評価した結果、社会が与えるスティグマを自分の中に内面化し、自分自身に羞恥心を抱くということだ。しかも、その結果は個人のレベルにとどまらない。他人から露骨な差別を受けないとしても、差別される当事者がみずから消極的に行動することで、社会における差別的な構造が自然に維持される。被差別集団に属する個人は、差別を受けていることを認識しながらも、みずからが足りず、劣等なせいだと思うため、差別に抵抗することもない。

実際に、自分に向けられた否定的な視線を意識するだけで、ものごとの遂行能力が落ちることもある。アメリカでおこなわれた実験では、数学テストで同じ点数の男性と女性の参加者に、同じ問題を解かせた。数学能力のレベルが同等の参加者を募集していたので、男性と女性のあいだに実力の差はなかった。ところが、テスト直前に研究者が言ったひとことが差をつけた。

「この研究は、性別による数学能力の差を検証するためのものです」

たったひとことで、女性参加者たちの心境に変化が起きた。「女性は数学が苦手」という通念を乗り越えなければならないというプレッシャーがかかり、このプレッシャーが遂行の妨げになったのだ。

これはひどい悪循環である。否定的な固定観念を刺激すると、否定的な固定観念を打ち破らなければならないというプレッシャーがかかり、そのプレッシャーのせいで遂行能力が低下し、結局は固定観念通りに否定的な結果になる。このように重圧がかかる状況をステレオタイプ脅威 stereotype threat という。一方、否定的な固定観念のない集団の遂行能力は、相対的に向上する。否定的な固定観念のない状態では、自分の実力に対する不信感や不安が少ないので、知的能力が妨げられないためである。かれらには否定的な固定観念がないので、自分を疑うよりも、他者から尊重されていると感じ、失敗して降格されたり拒否されたりすることを恐れる必要もない。

自分に植えつけられた固定観念がどのように働くかは、日常の経験を少しだけ振り返ってみればすぐにわかる。たとえば、スポーツの経験がある人なら、コーチの態度が選手にどれほど大きな影響を与えるかがわかるはずである。「女にしては上手だな」という言葉は一見すると褒め言葉のようだが、女性は運動ができないという否定的な固定観念を刺激する。このようなコーチの指導のもとで、地道に練習しながら上達していくことは難しい。「地方大生にしては優秀」という言葉も同じだ。地方大生に対する否定的な固定観念を刺激し、プレッシャーを与えることで、結果的にその人の遂行能力が落ちることになる。本人も望んでいないのに、自己成就的に予言が実現するのである。

もちろん、すべての人が固定観念に支配されるわけではない。ある人は、社会に広まっている固定観念を注意深く観察し、逆に積極的に対応するかもしれない。大学や職場の肩書きなど、「見栄を張る」ための競争が過熱しているいまの状況は、社会的な偏見を人々がきわめてよく理解しているからこそ起こる。社会に偏見と差別が存在するということを十分に認識している場合、私たちがどう行動するのかについて、もう少し考えてみよう。

差別を「選択」する人々

私が所属する大学の原州《ウォンジュ》キャンパスには、保健福祉大学と科学技術大学がある(*1)。予想がつくだろうが、それぞれの性別構成はまったく異なる。2017年現在では、保健福祉大学(多文化学科、社会福祉学科、幼児教育学科、看護学科がある)で女子学生は80・3%、男子学生は19・7%だった。一方、科学技術大学(機械・自動車工学部、マルチメディア工学科、産業経営学科、コンピュータ工学科などがある)は、男子学生が89・5%、女子学生が10・5%だった。女性と男性の割合は8:2と1:9で、男女比率の差が非常に激しい。

これは私がいる大学だけの話ではない。2018年の教育統計資料によると、大学生全体のうち女子学生の割合は44・4%で、女性のほうが少ないものの、それでも半数に近い。しかし学科別に見ると状況はまったく違う。専攻別で全国の大学の学生性別比を見ると、幼児教育、看護分野では女性の割合が80%を超えている。一方、機械・金属、電気・電子、交通・運送、土木・都市分野における女性の割合は20%に満たない(**表2**)。

このような差は、なぜあらわれるのだろうか。単純に、女性は数学や自然科学が苦手であるため、理学や工学系に進学できなかった結果だと断定することはできない。むしろ、2018

表2　専攻別女子学生の割合

女子学生が多い専攻	女子学生が少ない専攻
幼児教育（96.4%）	機械・金属（7.7%）
一般教育（82.4%）	電気・電子（12.5%）
看護（81.2%）	交通・運送（13.5%）
美術・造形（77.0%）	土木・都市（15.8%）
小学校教育（70.7%）	コンピュータ・通信（21.8%）
特別支援教育（68.2%）	産業（23.4%）

（出所）韓国教育開発院・教育統計サービス（https://kess.kedi.re.kr）が提供している「学科別在籍学生数」の資料を分析したもの（2018年4月1日現在）。カッコ内は全体の在籍学生数のうち女子学生が占める割合。

年度の大学修学能力試験（＊2）の結果を見ると、国語、数学ガ型、数学ナ型（＊3）の平均点数は、いずれも女子学生のほうが高かった。2017年度には国語、英語、数学ナ型で女子学生の平均点数が高く、数学ガ型では男子学生と女子学生の平均が同じだった。17年も18年も、数学ガ型で1等級か2等級を獲得した男子学生の割合が少し高いのは事実だったが、8等級と9等級の割合は女子学生のほうが低かった。

男女の差について強いて言うなら、大半の女子学生が、大学修学能力試験で、理工学系への進学に必要な数学ガ型を最初から受けないということくらいである。韓国教育課程評価院の資料によると、2018年度に数学ガ型を受験した女子学生は34・4%、男子学生は65・6%だった。数学の成績が思わしくなかったので、はじめから受験をあきらめた女子学生もいたかもしれないが、そもそも入試を準備する時点から理工学系に進学しないことを選んでいたように見える。

性別と専攻分野の関係をどうとらえるべきか。8：2と1：9という割合は明らかに不可解だ。これは差別だろうか。この話題で学生たちと議論したとき、大多数の学生は「差別だとは思わない」と言った。だれかの強要ではなく、自発的に選択した結果だからだ。だれかが性別を理由に、本人の望む進路をあきらめるようにうながすのは差別だが、それぞれがみずから選んだ専攻に特定の性別が多いことは問題だとは言いがたい。果たして、ほんとうにそうなのか？

どうして特定の専攻分野に集中する「選択」をするかについて、女性の立場から考えてみよう。まず、興味や適性が理由になるだろう。女性には人の面倒を見たり、人に教えることに適した素質があり、やりがいを感じる傾向があるとすれば、教育や看護分野に女性が集中する現象も、あるていど理解できる。しかし、実際に女性にはこのような傾向があったとしても、その背景には社会・文化的な側面が大きく影響している。他の国や地域と比較してみると、ジェンダーステレオタイプによって進路の選択肢に違いがあることがわかる。

2008年、『サイエンス』誌に発表された論文「文化、ジェンダー、数学」(Guiso *et al.* 2008)は、OECD加盟40か国のジェンダーギャップ指数と、15歳の学生の数学の成績を比較分析した。その結果、ジェンダーギャップ指数が高い〔不平等の度合いが強い〕国では、女子学生の数学成績がより低かった。シェリー・J・コレル(2001)は、「ジェンダーと職業選択プロセス――

偏った自己評価の作用」という論文で、女性は数学が苦手だという文化的な固定観念を受け入れ、自分の能力を低く評価することで、女子学生が数学関連の進路選択を回避する傾向があると説明する。

女性が特定の専攻分野に集中する、もうひとつの理由は、就職状況に求めることができる。韓国雇用情報院の「2016年 大卒の職業移動経路調査」によると、大学を卒業した女性が多く就職する分野は「社会福祉および宗教」と「保健・医療」関連職で、女性の割合はそれぞれ76・5%と73・3%だった。「文化・芸術・デザイン・放送」分野は63・9%、「教育および自然科学・社会科学研究職」分野は69・0%で、やはり女性の割合が高い。女性の割合が機械分野で5・3%、材料分野で6・7%、電気・電子分野で12・0%であることに比べると、これらの分野は圧倒的にチャンスが多いように見える。

ところが、残念なことに、女性が多数を占める職種の賃金水準は全般的に低い。**表3**は、同じ時期に大学を卒業した人々の就職結果を示しているが、性別によって賃金水準が異なる。女性が半数を超える職種の平均賃金はおおむね200万ウォンに及ばないが、男性が半数を超える職種の場合、平均賃金はおおむね200万ウォンを超えている。同じ職種内でも、男性に比べて女性の賃金のほうが概して低いが、男性と女性が異なる職種に就職することで、女性の賃金はさらに低くなっている。韓国の男女間賃金格差は、まさに深刻なレベルである。OECD

表3　大卒の職種別平均賃金・女性の割合および賃金差

	平均賃金 （単位：万ウォン）	女性の割合 （%）	男性比女性の 平均賃金割合（%）
金融・保険関連職	272.20	46.5	80.0
法律・警察・消防・刑務関連職	253.66	35.2	81.5
機械関連職	251.98	5.3	107.4
電気・電子関連職	234.56	12.0	107.3
運転・運送関連職	226.85	5.8	74.9
建設関連職	224.63	22.5	80.1
情報通信関連職	222.70	23.2	93.4
化学関連職	216.55	26.2	73.8
保健・医療関連職	213.96	73.3	85.5
環境・印刷・木材・家具・工芸および製造業	204.10	28.2	91.6
営業・販売関連職	203.00	35.3	70.6
経営・会計・事務職	201.96	54.1	78.6
材料関連職	200.78	6.7	65.1
美容・宿泊・旅行・娯楽・スポーツ関連職	189.69	50.6	76.6
軍人	185.18	9.3	87.3
文化・芸術・デザイン・放送関連職	177.78	63.9	86.0
教育および自然科学・社会科学研究職	171.40	69.0	95.5
社会福祉および宗教関連職	165.86	76.5	92.0
飲食サービス関連職	138.75	55.1	76.6

（出所）韓国雇用情報院（http://www.keis.or.kr/）が提供する「2016年　大卒の職業移動経路調査」の資料を分析した結果。2015年度卒業生を対象に調査・収集した資料である。該当職種のサンプル数100未満の警備員および清掃関連職、食品加工関連職、農林漁業関連職、繊維および衣服関連職、管理職を除いた結果をここでは示している。

の資料によると、韓国女性の賃金は男性に比べ34・6%少なく、OECD加盟国の中でもっとも格差が大きい。教育水準を考慮するとしても、相変わらず大きな格差である。教育水準が低い場合、男女間の賃金格差はさらに大きいが、大学卒業以上の者に限定しても、女性の賃金は同等の教育水準である男性に比べ28%低かった。

性別によって分かれる専攻分野と進路の「選択」は、果たしてほんとうに社会的差別と無関係なのだろうか。女性としてどんな専攻分野が就職に有利か、結婚して子育てしながら仕事を続けるためにはどんな職業がよいかなどの選択は、すでに労働市場と社会全般にある差別を前提としておこなわれている。女性だけではない。障害者、セクシュアル・マイノリティ、移住者など、自分が持っている不利な条件をすでに認識している人々は、その条件に合わせて行動する。

そして、そのような行動の結果は、皮肉にも差別的な現状を維持する方向へ働いていく。性別によって労働市場がはっきり分けられていれば、［その職業には女性が参入しやすいので］女性に有利な状況になるように見えるが、男性に比べて相対的に賃金が低い現象は続くのである。労働の価値に対する評価は、社会全般の性差別意識、そして政治的影響力とも無関係ではない。女性が多い職業は、女性が多いという理由だけで、労働の価値を十分に認められない傾向がある。

これは「同一労働同一賃金」の制度でも解決されない現象である。女性が男性と同一の仕事に従事しても、男性より少ない賃金しか得られない状況は、直観的にも不当な差別と感じられる。しかし、そもそも賃金が低い職種に多くの女性が就職するのは、異なる状況だ。この場合、女性は不利な労働市場であることを認識したうえで自発的に参入したことになり、その責任は女性がみずから取るべきだと言う人もいるだろう。

このように、構造的差別 systemic discrimination は、差別を差別ではないように見せかける効果がある。すでに社会に差別が蔓延した状態が長く続いており、十分に予測可能なとき、とくに意図しなくても、社会構成員のすべてが各自の役割を果たすだけで、差別がおこなわれることになる。差別することでメリットを得る人だけでなく、デメリットをこうむる人さえも、秩序に従って行動することで、みずから不平等な構造の一部になっていくのである。

私たちは、ときには意識的に、社会の偏見に合わせる努力をすることもある。普段ジーンズを着てスニーカーを履く人でも、スーツを着て革靴を履くときがある。代表的な例としては、就職活動で面接に行くときだ。自分のスタイルではなく、相手が望むスタイルに合わせるのだ。志望する企業が求める人物像を分析し、そのイメージにマッチするように努力する。相手の偏見に合わせようとする、まったく意図的で理性的な行動である。

人生においてたいせつなことであればあるほど、その選択は社会の偏見から自由になれない。自由どころか、もっとも安全な結果を得るために、もっとも保守的な選択をするものだ。ケンジ・ヨシノ（2017）は、著書『カバーリング』（*Covering : The Hidden Assault on Our Civil Rights*）で、「損なわれた」アイデンティティを持って生きていく人々が、自分のスティグマが目立たないように、できるだけ自分を飾る姿に注目した。彼は「カバーリング（装い）」という言葉を通じて、マイノリティとして完全なマジョリティになれないにもかかわらず、同化するように融け込むことを求められる人生の圧迫感について語っている。

もしも差別のない状態であったとしても、人はいまと同じような選択をするだろうか。固定観念や偏見のない社会で育ったとしても、私たちの関心と適性は、ほんとうにいまと同じだったのだろうか。

鳥には鳥かごが見えない

1947年、ケネス・クラークとマミー・クラーク（1947）がおこなった人形実験は、ごく幼いころから内面化された偏見の効果を、非常に生々しく見せてくれる。実験者は、3歳から7歳の黒人児童の前に、白人の人形二つと有色人種（茶色い肌）の人形二つを交互に配置した。そして、次のような質問をして、人形の中からひとつを選ぶように言った。

「持って遊びたい人形を教えて」

「いい人形を教えて」

「悪く見える人形を教えて」

「きれいな色の人形を教えて」

多くの黒人児童が白人の人形を好んでいた。黒人児童の67%が、白人の人形で遊びたいと答えたのだ。児童の59%が白人の人形を「いい人形」として選び、60%が白人の人形の色がきれいだと答えた。一方、黒人児童の59%が有色人種の人形を「悪く見える人形」として選んだ。白人の人形が「悪く見える」と答えた児童は17%、残りの24%は無回答か「わからない」と答えた。

実験者は最後に、こう質問している。

「自分と似ている人形を教えて」

この質問に、児童の何人かは泣きだしてしまった。自分自身を否定したという苦しさとジレンマを感じたのである。ある児童は、自分に似た人形として有色人種の人形を選び、こう弁解した。

「日焼けして、顔がめちゃくちゃになったんだよ」

1954年、アメリカ連邦最高裁判所はこの実験に注目し、重要な判決を下した。連邦最高裁は、世紀の判決といわれる「ブラウン対教育委員会 Brown v. Board of Education of Topeka」裁判で、黒人と白人の学校を分離する政策を撤廃した。それまで多くの人々は、施設やカリキュラム、教師の質さえ同等のものであれば、黒人児童と白人児童を分離して教育しても平等だと思っていた。黒人と白人を分離すること自体は差別ではないという考えだったのだ。

人形実験は、現実はそうではないという事実を示す重要な証拠になったのだ。分離そのものが、黒人児童の心の中にすでに劣等感を植えつけており、その劣等感のために低い教育成果を出さざるをえなかった。次の連邦最高裁の判決文にあるように、分離された学校施設は本質的に平等ではない。

公立学校で児童を単に人種を理由として分離することは、黒人児童に悪影響を及ぼす。人を人種によって分離する政策は、社会における黒人の劣等を意味すると解釈されるため、そのような法律が存在することの影響は大きい。(…)我々は、公教育の分野において「分離されているが平等」の原則が存在する余地はないと結論する。分離された教育施設は本質的に不平等である。

逆に考えれば、人の心の中に内面化されたスティグマと劣等感は、不平等な構造を感知する信号なのかもしれない。本章の冒頭で述べた大学序列をめぐる論争の居心地悪さは、もしかしたら優越感と劣等感のあいだに存在しているのかもしれない。教育とは本来、すべての人に成長の機会を与えるために存在するはずなのに、その本質的な機能が歪曲され、ある人には優越感を、ある人には劣等感を植えつけるシステムとなった。大学の序列化は公正な競争の結果だと信じられていて、この矛盾を無視するには「レッテル」と「染み」の存在が大きすぎるのだ。

マリリン・フライ（1983）は抑圧の状態を鳥かごにたとえる。鳥かごを近くから見ると、金網は一列ずつしか見えない。金網をつくる一本一本の針金は大したものではない。たかだか細い金属の線が、鳥の飛行を妨げるとはだれも考えない。鳥かごから離れ、後ろに下がって見ないかぎり、鳥かごが細い針金の集まりで作られており、それが鳥を閉じ込めていることには気づかないだろう。私たちを閉じ込めている鳥かごも、後ろに下がって離れてみないと見えてこない。「構造的に連結された、強圧と障壁のネットワーク」が、私たちの羽ばたきを妨害していることに気づけないのである。

あなたには差別が見えるだろうか。構造的な差別は、私たちの感覚にとっては自然な日常にすぎない。そのため、差別を認識することは難しい。奴隷制が普遍的だった時代には、奴隷の存在は当たり前のことと認識され、女性に投票権がなかった時代には、それが当然のことと受けとめられていた。オズレム・センソイとロビン・ディアンジェロ（2017）の言葉を借りて言えば、「私たちの視野は限られていて、より大きく交差するパターンよりは、ひとつの状況、例外、一度かぎりのエビデンスに集中するよう社会化されている」のだ。

私たちの考えは、みずからの視野に制約される。抑圧された人は、体系的に作動する社会構造を見ることができず、自分の不幸を一時的、あるいは偶然の結果だと認識する。そのため、差別と闘うよりは「仕方ない」と受けとめることを選択する。一方で、有利な立場にいる人は、抑圧を感じる機会は少なく、視野はさらに制約される。かれらは、差別が存在すると言う人を理解できず、「過敏すぎる」「不平不満が多い」「特権を享受しようとする」などと相手を非難する。

だから、私たちは疑問を持ち続ける必要がある。世の中はほんとうに平等なのか。私の人生はほんとうに差別と無関係なのか。視野を広げるための考察は、すべての人に必要だ。私には見えないものを指摘してくれるだれかがいれば、視野に入っていなかった死角を発見する機会になる。考察する時間を設けるようにしないかぎり、私たちは慣れ親しんだ社会秩序にただ無意識的に従い、差別に加担することになるだろう。何ごともそうであるように、平等もまた、ある日突然に実現されるわけではない。

＊1……韓国では総合大学を単科大学と区別して「大学校」と呼び、日本の学部に当たるものは大学と呼ばれる（たとえば「ソウル大学校法科大学」のように）。なお、大学・産業大学・教育大学には大学院を置くことができ、

授業年限は碩士課程（日本の修士課程に相当）、博士課程のそれぞれが2年以上である。

＊2……日本の大学入学共通テストに当たる。

＊3……出題の範囲が異なる。ガ（가）型には微積分、幾何、ベクトルなどがふくまれ、おもに理系の学生が、ナ（나）型はガ型に比べ出題範囲が限られていて文系の学生が選択していた。2021年からは類型区分をなくし文系・理系共通で出題される予定である。

II

差別はどうやって
不可視化されるのか

4章 冗談を笑って済ませるべきではない理由

「人種をからかうジョークがおもしろいの？」

ブラックフェイス（黒塗り芸）はギャグになりうるのか？

あるコメディアンが、テレビのコメディ番組「笑いを求める人たち」（以下「笑求人《ウッチャッサ》」）で黒人の扮装をして笑いをとろうとしたことで、世間から批判を浴びた。肌を黒く塗り、唇を大きく描き、縮れ毛のカツラをかぶって、髪にはネギをつけた姿で登場し、こっけいな踊りを披露したのだ。放送直後から、視聴者からの「黒人差別ではないか」との批判が続出し、番組制作スタッフはすぐに公式に謝罪し、配信サービスサイトの動画も削除した。演技したコメディアンも、自分の「思慮に欠けたギャグ」について謝罪した。

この事件をめぐって、芸能人のあいだでくり広げられた論争のせいで、問題がさらに大きくなった。芸能人のA氏は「人種をからかうジョークがおもしろいの?」と、自分のフェイスブックでそのコメディアンを批判した。これに対し、芸能人のB氏は「ただの扮装を、黒人差別だなどと糾弾するのは穿《うが》ちすぎじゃないでしょうか」と反論した。

兄さん(=芸能人A氏)が、ただの扮装を黒人差別だなどと追い込むのは一般化しすぎでしょう。それを言いだしたら、『ヨングとメング』のキャラクターは自閉スペクトラム症の子どもへの差別と解釈されるかもしれないし、韓国にはかつて『シコモンス(色黒の人たち)』という長いこと愛されたコメディ番組もあった。じゃあ、それも黒人差別になるのかな?

この書き込みが話題になり、『ヨングとメング』や『シコモンス』という古いお笑いのネタが呼び戻され、いままでどれほど多くの番組が、ギャグと差別のあいだを行き来していたのか、再考するきっかけとなった。B氏が問うた意図とは異なるかもしれないが、重要な質問だった。いまでもときどき話題になる、ヨングとメングという、いわゆる「おバカ」キャラクターは、障害者に対する差別になるだろうか。1980年代に黒人の扮装をしてダンスと音楽を披露した『シコモンス』は、黒人に対する侮蔑になるだろうか。シコモンスは、当時KBS〔韓国の公共放送局〕の看板コメディ番組だった『ショー・ビデオジョッキー』の人気コーナーであり、アルバムも発売されるほど高い人気を誇った。あの当時といまでは、何が変わったのか。

それから約30年経ったいま、重要な変化のひとつは、そのようなギャグが「おもしろくない」と言う人たちがあらわれたことだ。振り返ってみれば、私も幼いころ、ヨングとメングやシコモンスを見て笑っていた。学校では、かれらの真似が上手でクラスの人気者になった友達もいた。しかし、いまの私には、もはやそうしたギャグがおもしろくない。だからといって、それに対する批判を口にすることは、そこまで簡単ではない。場合によっては、「たんなる冗談なのに、過度に敏感に受けとめて、拡大解釈している」と言われるかもしれないからだ。

ブラックフェイス論争は、そうしたギャグの「どこがおもしろいのか」という、非常に奥深く哲学的な疑問を投げかける。そして、その笑いを差別と結びつけることは、果たしてどれほど「過度な一般化」であり、「拡大解釈」であるかについても考えさせる。「たんなる冗談」に対して、私たちは軽く笑って済ませるべきなのか、それとも必死に食いついて抵抗するべきなのか。

あなたが笑う理由

「笑求人《ウッチャサ》」のギャグの炎上をきっかけに、韓国におけるブラックフェイス・コメディの歴史も同時に浮き彫りになった。ブラックフェイスとは、黒人に扮して歌やダンスを演じる劇場公演の形式をさす。俳優は肌を黒く塗り、唇を誇張して描き、巻き毛のカツラをかぶり、ぼろ服を着る。「ジム・クロウ」は、19世紀アメリカで、白人が黒人に扮して踊る公演の有名キャラクターの名前だった。19世紀後半から20世紀半ばまで、アメリカで白人による黒人の人種的分離を正当化した法律を通称する「ジム・クロウ法」という言葉は、このキャラクターに由来する。

　アメリカではブラックフェイスのイメージは、しばらくのあいだ、童話、漫画、おもちゃ、さまざまな種類の商品などに使われ、典型的な黒人のイメージとして定着した。のちに１９５０年代に入って、アフリカ系アメリカ人の公民権運動が活発になり、ブラックフェイスの上演とそのイメージの両方を拒否するキャンペーンが展開された。ブラックフェイスは黒人に対する侮蔑であり、人種差別に当たるという批判を受け、その後アメリカ社会では、あからさまなブラックフェイスの使用はタブー視されるようになっていった。「笑求人《ウッチャッサ》」での扮装は、それを思い出させる。昔の典型的な黒人イメージをあらわした時代錯誤的な扮装を、２０１７年の韓国のテレビ番組で笑いに使用したのだ。

　同じ扮装でも、いつ、どのような場面で披露されるかによって、おもしろいかおもしろくないかが決まる。ひとつ明らかな事実は、ユーモアの意味は社会的文脈によって変わるということだ。私たちは何をユーモアとして受け入れているのか？　私たちは、どんな内容を見て楽しいと感じるのだろうか。

プラトンやアリストテレスなど、古代ギリシアの哲学者たちは、人は他人の弱さ、不幸、欠点、不器用さを見ると喜ぶと述べた。笑いは、かれらに対する一種の嘲弄の表現だと考えたのだ。このような観点を優越理論 superiority theory という。トマス・ホッブズは、人は他人と比べて自分のほうが優れていると思うとき、プライドが高まり、気分がよくなって笑うようになると説明する。だれかを侮蔑するユーモアがおもしろい理由は、その対象より自分が優れているという優越感を感じられるからである。

優越理論によれば、自分の立ち位置によって、同じシーンでもおもしろいときと、そうでないときがある。そのシーンから自分の優越性を感じる際にはおもしろいけれど、逆に自分がけなされたと感じればおもしろくない。1972年に、ドルフ・ジルマンとジョアン・カンター(1972)がおこなった実験は、同じシーンを見た専門家と大学生が、どのように異なる反応を見せるのかを示した。参加者たちは、上下関係（親－子ども、教師－生徒、雇用主－被雇用者など）で、たがいに相手をこき下ろす会話をする場面を描いた漫画を見た。その結果、社会的地位が相対的に高いとされる専門家は、上の者が下の者をけなす場面のほうをよりおもしろがったが、社会的地位が相対的に低いとされる大学生の場合は、専門家とは逆に、下の者が上の者をけなす場面をよりおもしろがっていた。

集団間の関係においても、同じような現象があらわれてくる。人は自分を同一視する集団に優越感を持たせる冗談、すなわち自分とは同一視しない集団をこき下ろす冗談を楽しむ。もしも相手の集団に感情移入してしまうと、その冗談はもはやおもしろくなくなる。あくまでも相手を自分と関係のない人、あまりたいせつでない人だと想定しているからこそ、冗談を冗談として楽しむことができるのだ。相手の集団に対してネガティブな偏見を持っている場合はどうだろうか。決して自分とは同一視せず、むしろ距離を置こうとする集団に対する侮蔑は、みずからの属する集団の優越性を確認できる、楽しい経験になる。

もちろん、ユーモアの裏に隠れているこうした心の闇を認めるのは、簡単なことではないだろう。仮にそれを自覚したとしても、他人には隠したい部分であるだろう。すべてのユーモアが優越理論で説明できるわけではないが、ある種の笑いが、このような恥ずべき内面性から出てくるという事実を否定することもできない。ある集団を笑いものにするユーモアは、このような集団心理によってつくられる。そのため、「なぜおもしろいのか?」という質問は、「笑っているのはだれか?」という質問に置き換えられる。黒人の扮装を見て笑う人は、自分をどんな集団と同一視する人なのか。笑わない人たちは、どんな位置にいる人たちなのか?

トマス・フォードら(2015)は、人を侮蔑するユーモアが、心の中に潜んでいた偏見を外へ解き放つと説明する。人は、たとえ特定の集団にネガティブな偏見を持っていたとしても、普段は社会の規範を意識するため、表には出さない。しかし、だれかが差別的な冗談を投げかけると、差別を気軽にあつかってもいいという雰囲気がつくられる。その結果、規範のたがが緩み、人々は自分の中の偏見を簡単に表出し、差別を容認したり、容認するような行動をとるようになる。これを偏見にもとづく規範理論prejudiced norm theoryと呼ぶ。

ユーモアには、タブー視された領域の封印を瞬時に解き放つ効果があるという意味だ。この際、規範からの逸脱行動は、ユーモアというフィルターを通じて「遊び」または「いたずら」という名目で認められる。あくまでも軽いやりとりに過ぎないのだから、真剣に受けとるのはかえっておかしいとみなされるのである。ユーモアは、このように禁忌とされた領域を行き来することから、権力に挑戦するような風刺も可能にし、社会はその価値を認める。しかし、禁忌の扉が開かれた方向に弱者が立っていた場合、そこでは残酷な遊びがはじまることになる。

近年、韓国社会を熱く盛り上げたキーワード、ヘイトスピーチ（侮辱的表現）の代表例は、弱者に向けられた言葉遊びの現象である。おもにインターネット上のコミュニティやポータルサイトの書き込みを通じて、特定の集団を侮蔑する言葉が作られ、拡散されるようになった。「糞南亜《トンナマ》」〔東南アジア人。東《トン》の発音が糞《トン》と似ていることによる造語〕、「トンコ蟲《チュン》」〔ゲイ。肛門の俗語である「トンコ」と蟲の合成語〕「給食蟲《クプシクチュン》」〔学校給食を食べる年齢、つまり中高生の年代をまとめてさす言葉〕、

「入れ歯蟲《トゥルタクチュン》」〔老人。入れ歯《トゥルニ》がガタガタする音と蟲の合成語〕、「母蟲《マアムチュン》」〔母親〕など、人を「蟲《チュン》」や「糞《トン》」にたとえて非人格化する言葉が登場した。対象が何であれ、笑いの種にさえなれば問題ないとでもいうように、集団に対する偏見と敵対心の封印が解除されたのである。

このような「遊び」の残酷さはとくに、その言葉の発信者と受信者のあいだに生じる隔たりから見えてくる。受信者の立場から「その言葉は差別です！」と抗議すると、発信者が「差別する意図はありませんでした」と答える定番のフレーズは、この隔たりゆえに出てくるものだ。差別の意図がなかったとしたら、いったい何の意図があったのだろうか。おそらく、本来の意図としては、人を笑わせようとした場合が多いだろう。「笑求人《ウッチャッサ》」のブラックフェイスも笑いをとるためにおこなわれたものだった。いわゆる「受けたいという欲望」だったり、場を和ませるための雰囲気づくりを意識したコメントだったりする。

2018年12月、全国障害者委員会の発足式および任命状授与式の会場での、「共に民主党」（＊1）代表・李海瓚《イヘチャン》氏の祝辞で、「政界で発言するのを見ると、ほんとうにあれが正常な人間なのかと疑うほどの精神障害者が多い」と述べたことも、おそらくはそのような意図からだったのだろう。発言のあと、すぐに精神障害者を侮蔑する発言だという批判が提起された。李氏は「障害者をけなすつもりはなかったが、誤解を招く発言だった」という内容で謝罪した。李氏に障害者をけなす意図がなかったというのは、たしかに事実のように見える。発言した場が障害者委員会の会場であり、まして祝辞だったからだ。むしろ、ユーモアを交えた言葉を通じて、会場の受けを取ろうとした発言だったと考えたほうが筋が通る。

しかし、「政界には精神障害者が多い」というユーモアは、障害者と自分を同一視して感情移入する人々には、まったくおもしろくなかった。では、だれが笑うのか。もしかしたら、この発言は政治家どうしでは通じるユーモアなのかもしれない。政治家はみずからを卑下することに慣れきっていて、その言葉が障害者に対する差別を前提にしていることに気づかなかったのかもしれない。もしそうだとすれば、ここにはより本質的な問題がある。ユーモアの中に潜む差別に気づかないほど、政治家のあいだでは障害者は無関係で、重要でない人と思われているということを裏付けるからである。

残酷さは、前述したように、発信者と受信者のあいだの大きな隔たりから来る。ゴードン・ハドソンら（2010）が研究で明らかにしたように、「冗談は冗談にすぎない」と軽く考えること自体が、社会的に弱い集団を排除し無視する態度と関係している。ユーモア、いたずら、冗談という名のもとに、他人を侮蔑することで人を笑わせようとするとき、「だれか」が揶揄され、蔑視される。そして、その「だれか」の役割を担うのは、「からかってもいい」とされる特定の人々で、かれらだけに同じようなことが集中してくりかえされる。私たちは、だれを踏みにじって笑っているのかと、真剣に問いかけるべきなのだ。

名指すという権力

他人を侮蔑するユーモアは、地位の上下を問わず、さまざまな人に向けられる。しかし、その影響の大きさは、すべての人に同じように感じられるわけではない。まず、地位の上下を問わず、自分や自分と同一視する集団に向けられた侮蔑は、だれにとっても不愉快であるということは明らかだ。違いがあるとすれば、人を侮蔑するユーモアの素材として、より頻繁に利用される集団と、そうでない集団があるということだ。たとえば、消防士は冗談や笑いのネタとして使われることがめったにない反面、外国人労働者に対する侮蔑の言葉は溢れている。政治家に対する侮蔑表現もなくはないが、障害者に対して日常的に使われている侮蔑表現とは比べものにならない。

人は、ある種のユーモアに対しては断固として反対する。極右主義の利用者が多いウェブサイト「日刊ベスト貯蔵所」（略称・イルベ）で、セウォル号（＊2）の犠牲者を「オムク（かまぼこや練り物のような食べ物）」と呼んで嘲弄した書き込みに対して、多くの人は怒りをあらわにし、ユーモアとしての受容を拒否した。一方、ある種のユーモアに対してはとくに問題意識もなく、それに慣れてしまっている。障害者を見下げて呼ぶ言葉である「病身《ビョンシン》」「バボ」（日本語のバカに当たる。知能が低くて状況の判断ができない人をけなす言葉」などは、とくに好んで使われるわけではないにしろ、日常的な使用をやめようという声もない。ある種のユーモアは、遊戯として積極的に使われる。人々は、遊びのネタにしても許される集団について、明らかに異なる感覚を持っている。私たちはだれを見て笑うのか。トマス・フォードら（2013）は実験を通じて、人は対象集団に対する社会的価値の判断によって、人を侮蔑するユーモアに対し異なる反応をすると明らかにした。たとえばテロリストや人種差別主義者のように、社会的に非難を受けて当然だという合意がある集団に対しては、かれらを侮蔑するユーモアによって潜在的な偏見が表出される効果は大きくなかった。一方、ムスリムやゲイ、女性のように、社会の態度にポジティブな面とネガティブな面が混在する集団に関しては、かれらを侮蔑するユーモアを見たとき、抑え込んでいた偏見が表に出てくる効果が大きかった。

フォードらの実験結果が意味するのは、かれらの論文のタイトル通り、まったく同じ内容の侮辱的ユーモアだとしても、その影響は「すべての集団にとって同じではない Not All Groups are Equal」ということだった。ムスリム、ゲイ、女性など、社会的差別に対して脆弱な立場にいる集団を侮蔑する動画や放送は、人々の潜在的偏見を表出させる効果が大きい。したがって、それらを通じて容易に差別が誘発される。著者たちは同論文で、脆弱な立場にいる集団に対する冗談は、決して軽い「遊び」ではなく、差別をうながす力があると強調する。

ある集団に対する社会的評価は、社会的文脈によって異なるため、ユーモアの影響も異なるかたちであらわれる。2018年、韓国行政研究院は全国の19~69歳の男女8000人を対象に、マイノリティに対する社会的包摂（ソーシャル・インクルージョン）に関する意識調査をおこなった。対象となるマイノリティ集団別に質問した結果、かれらをまったく「受け入れられない」との回答は、同性愛者で49・0%、北朝鮮離脱住民（脱北者）12・6%、外国人移住者・労働者5・7%だった。この調査結果を見ると、韓国社会では、かれらのような脆弱な集団に対するユーモアは、たんなる冗談にとどまらず、さらに偏見を増幅させ差別につながる可能性が高いことがうかがえる。

マイノリティに対する潜在的な拒否感が、ヘイト表現を通じて発露されるのだとすれば、最近の韓国社会はその赤裸々な姿を見せているといえよう。氾濫するヘイト表現を通じて、偏見はより自由に横行し、差別を正当化する「規範」を形成している。このような現象は、平等に関する規範が曖昧な現実と関連している。「差別をしてはならない」という確立されたルールのない状態に寄生するのが、これらのユーモアなのだ。社会的に差別禁止の規範が確立されるまでは、ユーモアを通じてだれかを差別しようとする願望は相変わらず表出され、増幅されていくだろう。

人を侮蔑する表現の問題を避けるために、社会は言葉を言い換えようとする。「障害者」や

「不具」を「障害のある人」(＊3)に、「欠損家族」を「ひとり親家族」や「祖孫家族」(＊4)に、「混血」を「多文化家族(児童)」に言い換えるなどだ。このような言葉の言い換えは、その言葉にふくまれた無意識の偏見やスティグマを反省する意味がこめられている。しかし、言葉の言い換えだけでスティグマが完全に消えるわけではない。「障害のある人」「多文化」などの用語が、ふたたびスティグマをこめた差別用語として使われているように、単語を変えても、その対象を差別する感情が消えないかぎり、スティグマは消えずによみがえるのだ。

そのため、マイノリティ集団が、スティグマのついた言葉をみずから再占有 reappropriation することもある。どうせ差別的な用語なら、いっそ積極的に、みずからをさす言葉として使うことで、その言葉にポジティブな意味を与えてしまうという戦略だ。その代表的な例が、セクシュアル・マイノリティをさす「クィア queer」という言葉である。クィアは本来「奇妙な」という意味を持ち、セクシュアル・マイノリティを侮辱する用語として使われてきた。ところが、セクシュアル・マイノリティの当事者たちはこの言葉を再占有したのである。「奇妙な」という本来の意味はそのままに、奇妙で変なことは悪いものではなく、特別で独創的な、多様性をあらわす、むしろ誇らしい特徴だと宣言してしまったのだ。

韓国ではセクシュアル・マイノリティの祝祭を「クィア・カルチャー・フェスティバル(QCF)」と呼んでいて、いまではクィアという言葉はセクシュアル・マイノリティ自身のものとなった。この言葉をセクシュアル・マイノリティ当事者が再占有することで、セクシュアル・マイノリティを侮蔑する言葉としての効力は失われた。性的なマジョリティが、マイノリティ集団を勝手に規定して侮蔑的に呼んでいた武器のひとつが失われたのである。「私たちはクィアだ。あなたたちがそれに慣れる必要がある We are queer. Get used to it.」のようなスローガンは、言葉のもつ権力と偏見に挑み、意味を取り戻し、ひっくり返してみせた運動だった。

同様に、障害をもつ女性の人権運動団体である「障害女性共感」が2018年に発表した「時代と不和になる不具の政治」というスローガンは、「不具」というスティグマの転覆をはかるものだ。このスローガンについて彼女らが書いた説明を見てみよう。「正常性と成長を疑い、依存と連帯の意味を書き直したい」としている。

私たちは、障害者をはじめ、時代ごとに不和となる存在を差別してきた「不具」というスティグマを記憶しています。私たちは、不具の存在が生きなければならなかった暴力的な運命を拒否し、これから「不具」の意味をつくり直そうと思います。社会と国家は、身体の機能が完全でない人、みずからを救える能力を持たない人を差別し排除しますが、まさにそこから不具の政治が生まれます。私たちはこのような立場にいるマイノリティとともに、正常性と成長を疑い、依存と連帯の意味を書き直したいと思います。

だからといって、障害者を「不具」という言葉で呼んでもいいというわけではない。長いあいだ刻印されたスティグマに挑戦し、完全に尊重される存在としての障害者の意味を取り戻す運動に賛同するという、新しい意味で使われる場合にかぎり、この言葉の使用が許される。このように、マイノリティ集団に関する無数の表現のうち、「使ってよい」言葉と「使ってはいけない」言葉をチェックリストで作成し、はっきりと言いきるのは難しい。

だれかになんらかのレッテルを貼ることは、権力関係から生じる。だれかに対する揶揄を「軽い」冗談として言えるという事実そのものが、その人の有する社会的地位と権力を知らせてくれるのだ。一方、望まないレッテルを貼られる経験をした側は、マイノリティとしての社会的地位と無力さを感じることになる。あなたは、自分が望む呼び方で呼ばれているだろうか。相手が望む呼び方で呼んでいるだろうか。あなたの名指す権力の大きさはどのていどで、その権力をどのように行使しているだろうか。

反応しないという反応

ユーモアが社会的権力と関連していることを理解すると、ユーモアの持つ力の違いを察することができる。地位が高いほうから低いほうへ向かう侮蔑的ユーモアは、侮蔑される人の生活に、実質的に重大な影響をおよぼす。一方、地位の低いほうから高いほうへと向かう侮蔑的ユーモアは、話し手が発話する瞬間にストレスを解消する、カタルシス効果のほうがより大きい。マジョリティとマイノリティ、教師と学生、雇用主と被雇用者、上司と部下、男性と女性、先住民と移住民など、多様な権力関係のなかで、ユーモアの影響はそれぞれ異なるかたちであらわれる。

このような権力関係を見過ごしたまま、二つの集団間の「相互の侮蔑」を同じ重さで見ようとすると間違いが生じる。韓国で激しい論争を巻き起こしている「キムチ女《ニョ》」(＊5)と「韓男《ハンナム》蟲《チュン》」について考えてみよう。「キムチ女」も「韓男蟲」も、人を侮蔑する目的で使われるという点で、望ましい言葉ではない。二つの用語はいずれもだれかを侮辱する発言なので、人はだれしも尊重されなければならないという大原則には合わない。

しかし、だからといって、この二つのヘイト表現にふくまれている社会的文脈まで同一であると結論づけることはできないだろう。「キムチ女」には「贅沢をして男性に迷惑をかける存在」という意味がこめられている。この言葉には、女性が男性に見せるべき「正しい」行動ではないという評価がふくまれる。すなわち、女性に期待されている、慎み深く質素な姿を見せるのが正常な姿勢だという、抑圧的な性別役割規範を反映した言葉である。対して「韓男蟲」の場合、女性から男性に、特定の性別役割規範を要求する意味とは考えにくい。それよりは、女性の立場から「私もあなたをからかうことができる」という、名指す権力を反転して使用する現象だと見ることができる。

したがって「キムチ女」と「韓男蟲」の論争は、単純な言語使用の問題を超えた、社会的な性差別構造の変動という観点から考えなければならない。女性、障害者、セクシュアル・マイノリティなど、歴史的に抑圧されてきた集団が平等を勝ち取るための過程で、このような現象はくりかえし起こる。既存の抑圧を維持するためのヘイト表現と、既存の権力に対抗するために登場したヘイト表現が対立するのである。「どっちもどっち」という喧嘩両成敗の考え方で取り組むと、この難題は解決できない。不平等を撤廃しようとする力と、維持しようとする力のあいだの緊張が張りつめるなかで、社会は平等をめざして問題を解決していくという明確な観点を持たなければならない。

日常でよく経験するヘイト表現と各種の差別表現は、日常的であるため、なくすことはなおさら難しい。つねにくりかえされてきたので慣れてしまっているうえ、あまりにも頻繁に出会うので、いちいち対応するのは簡単ではない。とくに、相手がユーモアとして投げかけた言葉に真顔で対応するのはなかなか難しい。ユーモアや遊びを装ったヘイト表現は、笑いの「ものごとを軽くする性質」のせいで、逆説的に「簡単に挑戦できない強大な力」を持つのである。

このような言葉による攻撃は、人間の内面の非常に本質的な部分にふれ、胸をえぐる反面、その言葉がなぜ問題なのかを説明するのはとても難しく、仮に説明の機会があったとしても、与えられた時間は短すぎる。私たちは、たいていの場合、二の句がつげなくなって、その機会を逃してしまう傾向にある。

以前参加した食事会で、ベテラン弁護士と同じテーブルに座ったときのことである。私をはじめロースクールの学生を前に、彼は陽気な大声でこのように話した。「女の子は勉強ができても意味がない。男の子が勉強できたほうが、大事を成し遂げる」。彼の隣に座っていた学生たちはみな、その発言を愉快に笑って受けとめたし、私もそうだったが、帰り道、あらためてその言葉を思い出してイライラした。発言をしたベテラン弁護士にも、その場で笑っていただけの私自身にも腹が立った。そして、二度とあのような言葉には笑わないと決めた。問題を指摘するだけの瞬発力がないなら、そのような状況で、せめて笑わないことが、私にできる最低限の小さな抵抗だと思ったのだ。

ひとつ明らかな事実がある。ユーモアの重要な属性のひとつは、聞き手の反応がその成否を分けるということだ。したがって、「だれがそれに笑うのか?」という問いの重要さと同じくらい、「だれが笑っていないのか?」という問いも重要である。「笑求人《ウッチャッサ》」のブラックフェイス騒動のように、冗談に対して笑わない人たちがあらわれたとき、そのユーモアは消えていく。だれかを差別し嘲弄するような冗談に笑わないだけでも、「その行動は許されない」というメッセージを送れる。冗談に必死に食らいついて、その場に重々しい雰囲気を漂わせるか、少なくとも無表情で、消極的な抵抗をしなければならないときがあるのだ。

＊1　共に民主党……2021年現在の政権与党であり「進歩派」である。

＊2　セウォル号……2014年4月16日、韓国の珍島沖で沈没した客船。犠牲者の大半が高校生であったことが世界を震撼させた。船の無理な増改築や過積載などの問題、さらに政府対応の混乱と大手メディアの偏向報道などが批判を集め、のちの朴槿恵大統領弾劾運動につながっていく。

＊3　もともと使われていた「障害者」に代えて、90年代以降の韓国では障害人（장애인）という単語が一般的に使われている。

＊4　祖孫家族……親の離婚、家出、死別などの事情により祖父母または祖父・祖母のどちらかが孫を育てる家族。

＊5　キムチ女……韓国女性全般をさすネットスラングとして登場したが、自分を飾ることしか興味がなく、経済的に男性に依存し玉の輿をねらう女性を含意するようになった。こうした特性に該当しない女性は「脱キムチ女」などとも呼ばれる。現代の韓国社会の性差別の現状を表す代表例であり、女性に対する偏見とミソジニーを強化すると批判されている。

5章 差別に公正はあるのか？

食用油ギフトセット、「女史」、ストラップ

ドラマ『ミセン―未生』（韓国、2014年）で、主人公のチャン・グレ（イム・シワン）は、勤務する会社から、社員への旧正月のプレゼントとして食用油のギフトセットをもらう。プレゼントをもらったのだから嬉しくないはずがない。ところが、他の社員の席にはハムの詰め合わせセットが置かれていた。会社は、非正規職の社員には食用油を、正規職にはハムを贈った。このシーンを見た視聴者は複雑な気分になっただろう。間違いなくプレゼントなのに、なぜか嬉しくない。プレゼントをもらった喜びよりも、差別を受けたという苦しさが先に立つ状況だ。些細なことなのに、差別を受けたという事実にさらに悲しくなる。

食用油セットとハムのセット。金額としてはおよそ1万～2万ウォン〔1000～2000円〕

ていどの差だろう。大きいといえば大きいが、小さいといえば小さな金額の差で、しかもプレゼントなのに、人はどうして悲しさまで感じるのだろうか？　この「些細な」差別による傷には困惑するしかない。ユーモアが問題を「些細な」ことに変え、対応しにくくするのと同じように（4章参照）、こうした日常の「些細な」差別も、対応することは容易ではない。たしかに何かが間違っているのに、どこが問題なのかを的確に言語化するのが難しい、困難な状況におちいるのだ。

韓国・水原《スウォン》市のある住民センターでは、非正規職の女性労働者を「女史」と呼んでいた。「女史」は一見すると敬称のようだが、言葉が使われた文脈を考えると、そうではない。実務を担う正規職公務員は「主務官」と呼ばれているが、非正規職を同じく「主務官」と呼ぶことができないので、窮策として出た呼称が「女史」だったのだ。若い人は「～さん」と呼ばれ、中高年の男性職員には「先生」という呼称が使われた。問題となった労働者は40代近い女性だったので、「～さん」も「先生」も適切ではないと思われたようだ。水原市人権センターは、この「女史」という呼称が非正規職を見下す言葉であり、不合理な差別だと判断した。

水原市は、かわりになる別の呼称を探さなければならなかった。当時、中央行政機関と地方自治体では、正規職と非正規職の区別なく、すべての職員を「主務官」と統一して呼ぶところと、非正規職労働者は「実務員」など別の呼称で呼ぶところがあった。水原市は「主務官」と「実務官」の二つの代案を検討した。当の労働者が希望した呼称は、他の公務員と同じ「主務官」だった。しかし、水原市は非正規職に対して「実務官」という呼称で分離しようとする立場を取り、ふたたび世間から批判を浴びた。この批判を市は予想できなかったのだろうか。なぜ呼称を分離しなければならなかったのか。決定権者は、非正規労働者を、定年までの雇用が保障された正規職の人と同じあつかいにはできないと考えたようだ。

一部の企業では、社員証のストラップの色で正規職と非正規職を区分し、議論を呼んだ。「正規職は赤、非正規職は緑」「正規職は青、非正規職はグレー」などに区分し、だれが非正規職なのかひと目でわかるようにした。もちろん、正規職と非正規職の社員証に何の区別も設けない企業もある。一方、非正規職の社員を正社員と区分するため、このように社員証のストラップの色を変えたり、社員証のかわりに臨時入館証を支給するなど、通常とは異なるＩＤカードを提供する企業も少なくない。

食用油ギフトセット、「女史」、そして社員証のストラップ。いずれも正規職と非正規職を区分する方法である。いったいなぜ、人を区分しようとするのか。食用油やハムのセットのような場合は、財政的な問題で、費用を抑えるためなのかもしれない。しかし「女史」と「主務官」の呼称の問題や、社員証のストラップの色には、費用の差など存在しない。財政的な理由ではない場合でも、人はわざわざ区別する。まさに区別するための区別である。

公正な差別という考え方

まず、食用油ギフトセットとハムのセットについて考えてみよう。会社の規模が大きく、財政が厳しい状況と仮定しよう。旧正月や秋夕《チュソク》(*1)など、国民的大型連休である名節《ミョンソル》のプレゼントにかける予算が限られている場合に、どう使うべきか？　プレゼントを贈るには数百の方法があるはずだ。役職、勤続年数、配偶者の有無、性別、成果別など、贈る側が立てる基準しだいで、異なるものを贈る無数の方法がある。もちろん、もっとも簡単な方法として、全員に同じものを贈る方法もある。

『ミセン』では、正規職と非正規職を区分して中身の異なるプレゼントを贈った。これはドラマのエピソードに限った話ではない。現実における正規職と非正規職の差別は、名節のプレゼントだけでなく、さらに幅広くおこなわれている。韓国労働研究院が統計庁の「経済活動人口調査」を分析した結果によると、非正規職の平均賃金は、正規職の賃金の64〜65％水準だった。非正規職の人が国民年金、雇用保険、健康保険、退職金、賞与、時間外手当、有給休暇、教育訓練などを保障される割合は24・4〜45・6％で、正規職に比べて半分にも満たない水準にとどまった。正規職だからといって、すべての恩恵を受けるわけでもないが、非正規職が正規職と同等の給与や待遇・福利厚生を保障される割合は、著しく低かった。

なぜ正規職と非正規職をわざわざ差別する手間をかけるのか。差別を正当化するために、よく耳にする理由のひとつは「資源が限られているから」である。実際は、この理由だけで差別を正当化することはできない。限られた資源だとしても、それを公平に分けるのではなく、正社員にだけ良いプレゼントを贈らなければならない理由の詳しい説明が必要だ。仮にこの差別を正当化しようとするなら、たんに資源が制約されているという事実だけではなく、妥当な理由をあげて、資源配分の優先順位をどう決めたのかを説明しなければならない。

この問題に対する説明として、差別が「公正」であるからだと言う人もいる。かれらは、差別することがより正しく道徳的であるため、むしろ差別しなければならないと主張する。たとえば、誠実に働いて成果を収めた人と、一貫して不真面目な態度で生きてきた人を同じように評価するわけにはいかない。チームプロジェクトにおいて、フリーライダー（ただ乗りする人）を他のメンバーと同様にあつかうことはできない。正義とは、だれもを同等にあつかうのではなく、その人が成し遂げた成果の分だけ差をつけるものだと、かれらは考える。

「等しいものには等しく」待遇する以上、「異なるものには異なる」待遇をすべきだという、この論理から見ると、非正規職には正規職よりも多少安いプレゼントを贈る理由、非正規職を正規職と同じ「主務官」と呼べない理由、社員証のストラップをあえて違う色にしなければならない理由も、簡単に説明できる。正規職と非正規職はそもそも異なるため、異なる待遇をしなければならないからだ。能力と努力に応じて異なる待遇をしなければならないという考え、能力主義の観点から見た公正さであり正義である。

能力主義〔ないし業績主義〕meritocracyとは、才能と努力によって人はだれでも成功できるという信念である。努力と才能さえあれば、だれであれ高い地位に上ることが可能だと信じるなら、現に社会的地位が低いのは、最善を尽くさなかった結果であり、自己責任であると受けとれる。社会的流動性が存在しさえすれば、〔結果の格差があっても〕平等な社会だと考える。こうした能力主義によれば、階層が存在すること、つまり不平等な構造自体には問題がない。むしろ、競争に注いだ努力に報いるためには、格差をつけて待遇するほうが公正な社会なのである。

能力主義の観点から見れば、多くの不平等は正当なことに見える。たとえ本人が不利な立場にあってもそうだ。職場で女性として不利な待遇を受けても、自分の能力不足のためだと思えば、その状態を納得することができる。才能もなく、努力もしないと思われている集団に対する低い処遇は当然なことだと思う。「ホームレスは働くことを嫌がっている」「東南アジア人は怠け者だ」「障害者は無能だ」「肥満の人は自己管理ができない」など、能力に関する否定的な固定観念がつくられると、その属性に属する人は不利益をこうむって当然だと考えられる。

能力主義は、「努力した分だけ成果が得られる」という希望を人に与える、簡明で直感的な信念体系である。人々は、こうした信念体系を裏付けるような話に惹きつけられる。貧しい家庭に育ちながら時代の英雄になる人物の物語は、多くの人々の心に響く。能力主義にもとづく信念ゆえに、社会は何かを成し遂げた人に特別な尊敬を示す。そして、良い大学に入学した人、良い職場に入った人から、その努力の過程を聞きたがる。かれらは社会の不平等そのものを恨むよりも、「社会階層のエレベーターが壊れて」いて、「トンビが鷹を生むことなんてない」世相を恨む。

このような観点から見ると、「不屈の意志であらゆる関門をくぐり抜けて」正規職になった人と、「人より少ない努力で、とくに苦労もなく」非正規職になった人を同等にあつかうことは果たして可能なのか。二人がたとえ同じ仕事をしていても、同じ待遇を受けるのは公正ではないように見える。大事なことは、二人が同じ仕事をしている事実や、実際に二人の能力に差がないという現実ではない。能力主義という巨大な信念体系を守るためには、価値の異なる二人のあいだに、どうしても差別をつくらなければならないのである。

しかし、この能力主義は、ほんとうに公正なルールなのだろうか。

偏った能力主義

能力主義がほんとうに公正なルールになるためには、必要不可欠な前提がある。まず、どんな能力をどのように測定するかという評価基準を作る必要があり、それを遂行する人々には何の偏りもあってはならない。定められた評価基準は、特定のだれかにとって有利になったり不利になったりしてはいけない。つまり、評価を受けるすべての人にとって同じ条件でなければならない。そして他人への評価は、つねに個人の能力のみを測定する、正確な基準でなければならないのだ。これらの前提は、どれだけ私たちの現実に当てはめることができるのか。ひとつの事例をあげて考えてみよう。

２０１０年、大学卒業を控えていた、ある聴覚障害者が国家人権委員会に陳情書を提出した。彼は、ある会社の新卒採用の資格基準でＴＯＥＩＣ６００点以上、またはそれに相当する英語成績を求めていることは差別だと主張した。ＴＯＥＩＣはリスニングが４９５点、リーディングが４９５点で、合計９９０点満点になっている。聴覚障害者である陳情者は、リスニングの試験を受けられないせいで、６００点以上の点数をとることができなかったからだ。この場合、聴覚障害者に限って採用基準の合格ラインを下げるとしたらどうだろうか。仮に３００点ていどにするとしたら、公正な採用基準になるだろうか。

この会社が、だれもが勤めたいと思う非常に人気のある職場で、応募者が多い状況だと仮定してみよう。おそらく応募者の一部は、その基準が公正でないと思うだろう。非障害者の立場からすれば、難しいリスニングで良い点数を得るため、たくさんの費用と時間をかけて勉強したのに、聴覚障害者はその必要がないので不公平だと考えるかもしれない。このような基準のもとで入社した聴覚障害者を見る視線も、好意的ではないだろう。採用される資格のない人が特別あつかいされたと、表向きはあえて表現しなくても、裏では見下す人もいるかもしれない。

では、どうすればいいだろう。だれもが同じくＴＯＥＩＣ６００点以上をとることを求めれば公正だろうか。そうして最初から、聴覚障害者を事実上、応募できなくするのが正しいことなのか。それとも、聴覚障害を持つ人と、そうでない人のＴＯＥＩＣ点数の基準に差をつけ、聴覚障害者も応募できるようにするのがより正しいことなのだろうか。この疑問についての回答は、回答者が聴覚障害者かそうでないかによって異なる結果になる。たいてい、自分にとって有利な方法が公正に見えるからだ。

このような状況において、何が正しいのかを判断する有効な方法として、ジョン・ロールズ[*2]が言う「無知のヴェール」という概念がある。自分が貧乏なのか金持ちなのか、男性か女性か、能力や資質の水準といった諸条件について、各人がまったくわからない状態で社会秩序を決めれば、個人の利害関係ではなく、社会構成員のみんなにとって平等で公正なルールを見つけられるという考えだ。TOEIC点数による採用基準の場合、自分が聴覚障害者であるかどうかわからない状態であれば、あなたはどのようなルールを公正なものとして選択するだろうか。

仮に、TOEICの点数がその業務に必要な能力であれば、この採用基準を不合理であるとは言えない。では質問を変えてみよう。TOEIC点数600点以上は、その企業が採用しようとしている業務分野に必要な能力基準なのか。英語のリスニングとリーディングの点数が、いずれも優秀な人を採用することが、その業務において重要なことなのか。採用する分野が、たとえば英語の同時通訳者のポジションであれば、躊躇なくそうだと答えるだろう。しかし、そうではなく、採用するポジションが国内での事業企画や技術開発、システム運営ならどうだろうか?

国家人権委員会は、この陳情書に対し、英語の聞き取り能力が、問題になった採用分野の職務にかならずしも必要な能力ではないと判断した。そのポジションの主要業務は企画、サービスの開拓、技術開発、ネットワークおよびシステム運営であり、英語でのコミュニケーションは付加的な機能にすぎないとの考えを示した。新入社員の勤務予定地も、海外ではなく国内だった。英語を用いたコミュニケーション能力が本質的に必要ないのに、英語の成績にもとづく聴覚障害者に不利な基準を提示したことから、この採用基準は「障害者差別禁止及び権利救済等に関する法律」に違反すると判断された。

障害者のために異なる採用基準を適用することに依然として納得がいかないのなら、もう少し根本的な問題を検討してみよう。そもそも、このような問題は、人材の評価基準を作る際に、障害者を念頭に置いていなかったために生じるものだ。おそらく評価基準を作った人も、評価する人も障害者ではないだろう。かれらが想像する応募者の中に障害者はいない。仮に英語を使ったコミュニケーション能力が必要であったとしても、聴覚障害者の立場では方法を考えなかったはずである。徹底して非障害者の立場から設計された能力基準と評価基準なのだ。

だれに対しても同じ基準を適用することのほうが公正だと思われるかもしれないが、実際は、結果的に差別になる。司法書士試験で、問題用紙・答案用紙と試験時間をすべての人に同一に設定すれば、視覚障害者には不利になる。製菓・製パンの実技試験において、すべての参加者に同じように手話通訳を提供しない場合、聴覚障害者に不利である。公務員試験の筆記試験で、他の受験生と同様、代筆を許可しない場合、高次脳機能障害の人に不利である。これらは、全員に同一の基準を適用することが、だれかを不利にさせる間接差別indirect discriminationの例である。

私が留学した学校には、非英語圏から来た学生に、入学後の一定期間にわたり追加の試験時間を与えるルールがあった。私の記憶が正しければ、試験時間が1・5倍も長く与えられた。

ロースクールだったので、当然言語の使用も大事だが、試験で評価しようとするのは英語能力ではない、という判断から設けられたルールだった。このルールのおかげで、非英語圏から来た留学生が、英語力を理由に早々に試験をあきらめたり、つねに最下位の成績をとるようなことは起きなかった。

このように、私たちの能力を判断する基準の多くが、もしかしたらだれかには有利で、だれかには不利になるように偏っているのではないかと疑う必要がある。就活におけるＴＯＥＩＣ点数の要件はどうだろうか。聴覚障害者以外には問題のない、公正な基準だろうか。かならずしも職務遂行に必要な能力でもないのに、ほとんどの会社が就活生に優秀な英語成績を要求することは、普段から英語にふれる機会が多い社会階層、あるいは特定の学歴や学閥を持つ人を有利にする効果があるのではないだろうか？

能力主義は人間がつくったものだ。その人間は、バイアスから自由になれないという限界性を持っている。能力主義を盲信する人々はこの事実を見落としている。人はだれしも、個人的な経験や社会的・経済的背景などによって、それぞれ偏った観点を持つものだ。どのような能力を重視するか、その能力をどんな方法で測定するかといった判断は、すでに偏向が働いたもとで決定される。このようにして選択された方式で能力を測定すれば、出題者に備わった偏向が、応募者のうちのだれかには有利に働き、だれかには不利に働く。

しかも、客観的に見える成果の評価制度にも、人の偏見が介在している。エミリオ・カスティーリャ（2008）は、標準化された成果評価にもとづく年俸制を採用していたある大手企業で、1996年から2003年まで勤務した社員8800人あまりのデータを分析した。その結果、成果評価において同一の得点を取れたとしても、女性や人種的マイノリティの社員の給与の引き上げ幅は、白人男性の社員よりも低かった。成果評価の得点が同じであっても、管理職が、女性やマイノリティの給与の引き上げ幅をより低く策定したことによって生じた結果だとみられた。客観的指標と標準化されたシステムを構築するだけでは不平等はなくならず、そのプロセスには依然として偏見が介在しうることを示す結果だった。

しかし、能力主義を主張する人は、自分が客観的かつ公正に行動していると考えることが多い。カスティーリャとステファン・ベナール（2010）は、能力主義を主張する人が、実際に公正に行動しているかについて実験した。もし、かれらがほんとうに公正であれば、同じ成果をあげた男女の社員に同じインセンティブを付与するはずである。しかし、実験の結果は仮定と異なった。能力主義を主張する人は、男性をより高く評価し、女性へのインセンティブを低くしたのだ。予想とは裏腹に、能力主義を主張していなかった人のほうが、同一の成果に対して、かならずしも男性だけを高く評価しない傾向がみられた。

なぜ、能力主義を主張する人が、不公平な行動をとるのだろうか。それは、自分は偏っていないと思い込んでいるからである。人は、自分が客観的で公正な人だと信じていると、自己確信の力によって、より偏向した行動をとる傾向がある。頭の中にある偏見の制御装置が壊れてしまうのである。ブノワ・モナンとデイル・ミラーの実験（2001）でも、そのような傾向が見られる。他人の性差別的な発言に対して異議を唱えることで、自分が性差別主義者ではないことを示したはずの人が、次の実験では、ためらいもなく性差別を肯定するような行動をとっていた。カスティーリャとベナールは、自分を公正な人だと思い込んだ結果、より偏向した行動をとる、こうした現象を「能力主義のパラドックス」と呼ぶ。

どのような能力を測定するかを決め、評価する人の中にも偏向があり、そうして選ばれた評価方式は、多様な条件を持つすべての人にとってかならずしも公平ではない。しかも、評価にはかならず誤りが生じる。このような限界を考慮するなら、ある評価の結果だけで、人に順位をつけて決めつけるのは危険な発想である。さらに、そのような評価基準をもって人を選別し、人格を傷つけるような差別的な待遇をしたり、永続的なスティグマを与えることで、未来にまで影響をおよぼすのなら、それこそが不公平で不正義なのではないだろうか。

人の能力はひとつではなく、その人のすべてでもない

人の能力はひとつではなく、能力だけがその人のすべてでもない。にもかかわらず、人を特定の評価基準で断定し、判断してしまう行為は、いつからはじまったのだろうか。私自身をはじめ、多くの人が幼いころの最初の差別として覚えているであろう経験は、先生から好かれるのは成績のいい子だったという事実だ。勉強のできる子は教師から信頼を受け、間違いを犯しても簡単に許される。少なくとも、バカにされたり侮辱を受けることはなく、名前を覚えられ、その生徒に先生の関心が寄せられる場面を目にしただろう。私が通っていた高校では、冬に成績のいい生徒だけを集めて、その部屋にだけ暖かいストーブをつけていた。

このような差別が最初から制度化されることもある。２００９年、国家人権委員会には、高校の成績別クラス編成が、成績の悪い生徒に対する不合理な差別だという陳情が寄せられた。その学校は生徒の成績によって、「平クラス」と「特クラス」に分けて学級を編成する制度をつくった。2年生と3年生のクラス七つを、それぞれ平クラス四つと特クラス三つに分けた。そして、前年度の成績によって、文系の1〜60位と理系の1〜30位は特クラス、残りは平クラスにした。

学校側はこの制度を「習熟度別クラス編成」だと主張した。生徒の習熟度に合わせて授業をおこなうのが、学習者中心の理想的な教育課程だという説明だ。生徒を画一的に教育するのではなく、個々人の要求に応えるのであれば、たしかにいい方式かもしれない。

もし学校側の主張が正しいなら、成績別クラス編成は、平クラスの生徒と特クラスの生徒の両方を満足させる教育でなければならない。ほんとうにそうだったのか。

国家人権委員会は、平クラスと特クラスの生徒を対象にアンケート調査をおこなった。すると驚くべき結果が得られた。特クラスの88・9%がクラスの編成に満足していたのに対し、平クラスの78・5%は平クラスに編成されたことに不満を感じていた。もちろん、特クラスの生徒全員が満足し、平クラスの生徒全員が不満足だったわけではない。しかし、この成績別クラス制度が、圧倒的に高い割合で特クラスの生徒に有利だという点は明らかだった。成績別クラス制度は、生徒全員にとって有利な制度ではなかったのだ。

成績別クラス制度は、生徒中心の教育でもなかった。教師たちは、平クラスの生徒への関心が低かった。特クラスと比較し、平クラスを無視するような態度を見せ、ちゃんと勉強をしない生徒だから「放っておいてもいい」と話した。学校側は、大学入試の指導経歴の長い教師を優先的に特クラスに配置した。特クラスだけが享受する特典もあった。特クラスだけにプリントを配り、補習授業の機会を与えた。平クラスは疎外感を感じ、萎縮し、勉強をあきらめてしまう雰囲気になる一方、特クラスは自信を持って勉強に専念する雰囲気になった。

成績が違うから、異なるあつかいをされて当然だという考えには問題がある。「異なるものには異なる待遇を」という命題は、人々の多様な条件を考慮せず、画一的にあつかうと不平等を生じてしまうという意味では妥当である。聴覚障害者に英語の聞き取り能力を要求することが不平等になるのと同じようなことだ。しかしこれを、成績という画一的な評価基準で生徒の順位を分け、優劣をつけて、片方には尊重とサポートを、もう片方には無視と剝奪を与えるべきだという意味でとらえてはいけない。合理的な水準の補償を超えて、勝者がすべての機会と尊敬を独占し、敗者はあらゆる侮蔑と排除を甘受するように強いることは、公正でも正義でもない。

国家人権委員会は、この高校の成績別クラス制度は、教育施設の利用と関連した合理的な理由のない差別行為だと判断した。

> 実際に特クラスに配布されたプリント類は、平クラスにとってはあまり有効ではない資料であった可能性はある。しかし問題は、このような小さな差異が、感性が敏感な青少年期には、目に見えない差別意識を生み出し、平クラスの生徒に劣等的な自我像を植えつけるという事実を、被陳情人と被陳情校が見過ごしているという点である。（…）特クラスの生徒が特クラスに満足する理由として挙げた「勉強する雰囲気づくり」は、被陳情人や教師たちが特クラスにより多くの関心を示し、学習をサポートした結果とも考えられる。このような関心と学習へのサポートは、すべての生徒の水準と特性を考慮し、本質的に均等に

提供されるべきものである。

2017年に韓国青少年政策研究院が実施した人権に関する実態調査では、28・3%の児童・青少年が「勉強ができないという理由」で差別された経験があると答えた。私たちは教育を通じて、不公正な能力主義を学んでいるのではないだろうか。そのことによって、何ごとも不合理に区分しようとする、不平等な社会をつくっているのではないか。いまさらながら怖くなる。

＊1 秋夕……韓国は現在でも陰暦1月1日の旧正月（ソル）と8月15日の秋夕が二大名節で祝日となる。韓国が経済的に豊かになるにつれて名節に親族や会社組織などでの贈り物の風習が生まれ、現在では常識に近い慣行となった。

＊2 ジョン・ロールズ（1921―2002）……アメリカの哲学者。主著『正義論』において「無知のヴェール」の概念を提唱し、政治哲学理論に大きな影響を与えた。

6章 排除される人々

二都物語

1964年12月、アメリカで重要な判決が出された。以下はその判決文の一部で、アーサー・ゴールドバーグ最高裁判事が個別意見として、上院通商委員会の意見書を引用して述べた内容である。どういうことだろうか。

公共施設への平等なアクセスが拒否された瞬間、個人の尊厳は損なわれてしまう。公民権法の主な目的は、このような問題を解決することにある。差別はたんに紙幣や小銭、ハンバーガーや映画の問題ではない。人種や肌の色を理由に、だれかを社会の構成員として受け入れないとするとき、その人が感じる侮蔑感、挫折感、羞恥心の問題である。

1964年夏、アメリカ南部の都市アトランタの、とあるモーテルのオーナーは、黒人の客に部屋を貸したくないと考えていた。彼のモーテルは以前から黒人客を受け入れておらず、引き続きその方針を持続するつもりだった。しかしこの年、連邦議会で公民権法が制定された。同法によると、人種、肌の色、宗教、出身国を理由に顧客を差別したり、分離してはいけないとされている。当然、モーテルもこの法律に従わなければならなかった。しかし、モーテルのオーナーで弁護士だったモートン・ロールストンには受け入れることができなかった。1964年7月2日、公民権法の可決からわずか2時間あまり後、ロールストンはみずから訴訟を起こした。

ロールストンは、事業主は顧客を選択し、自由に営業する権利を持っていると主張した。彼は、国が営業の自由を制限するのは私有財産権の侵害であり、望まない客に対してサービスを提供するよう強要することはできないとして、公民権法に反対した。ロールストンは国を相手取って1100万ドルの損害賠償を請求した。これは2019年の貨幣価値に換算すると8900万ドル、約104億円の価値になる。公民権法により、彼のモーテルは「評判を落として顧客を失い、事業は破綻に至るはず」との主張だった。

「ハート・オブ・アトランタ・モーテル対合衆国 Heart of Atlanta Motel, Inc. v. United States」という、この有名な事件は結局、連邦最高裁まで争われた。結果はどうなっただろうか。もしロールストンが勝ったのなら、1964年の公民権法はもはや存在しなかっただろうし、アメリカはその後も長いあいだ人種分離社会のまま維持されただろう。連邦最高裁判所は、全員一致の判決でロールストンの訴えを却下した。最高裁は、差別ができないことによって損害を受けるという主張にも同意しなかったし、個人の経済的損失とは関係なく、連邦議会は差別を禁止する法案を制定できると述べた。

2011年秋、釜山《プサン》のあるサウナは、P氏の入場を拒否した。肌の色と顔立ちが「外国人」だからという理由だった。P氏は納得できなかった。彼女はウズベキスタン出身ではあるが、すでに韓国国籍を取得した「韓国人」だとして店主に抗議した。しかしサウナの店主は「韓国国籍を取得したとしても、顔立ちが外国人だからだめだ」と話した。P氏は112番〔日本の110番〕に通報し、警察も出動した。この事件はその後どうなっただろうか。

サウナの店主は警察に、「外国人だからエイズにかかっているかもしれない。他のお客さんはサウナに外国人が来るのを嫌がる」と訴えた。外国人を受け入れたら他の韓国人の客が来ないだろうとの心配だった。結局、警察はP氏に他のサウナに行くように案内し、店主が入場を拒否すれば、警察にもどうすることもできないと話した。

韓国では、公衆が利用する施設のオーナーが人種や肌の色、宗教、出身国などを理由に客を拒否しても、何の規制も受けない。あるサウナは最初から「内国人専用チムジルバン（*1）」として営業しているという。別のある大型チムジルバンは、外国人だけが利用する専用スペースを別に設けた。店主は「外国人と一緒の入浴を嫌がるお客さんがいるので作った」と話す。だれもが客を拒否する自由を保障された社会。白人至上主義者だったロールストンが望んでいた、そのような社会をほんとうに正義と言えるのだろうか。

だれを拒否するのか

もちろん現代のアメリカにも、依然として人種差別が存在する。ニューヨークのあるマクドナルドで、韓国系の高齢者数人が居座っていた。それが気に入らなかったのか、店主は高齢者たちを警察に通報した。フィラデルフィアのスターバックスでは、黒人男性二人が商品を買わないまま知人との待ち合わせをしていた。店側はかれらに店を出るよう求めたが、二人が拒否したため警察に通報した。

二つの事件はすぐに世間に知られ、いずれも人種差別だと激しい批判を受ける事態となった。ただし、これらの事件は前述したアトランタのモーテル事件や釜山のサウナ事件とは少し違う。かれらは、たんに見た目が「韓国系」とか「黒人」だから退去を求められたのではなかった。しかし、もし白人の客がかれらと同じ行動をとっていたとしたら、それでも店側は同様に退去を求めただろうか。はっきり言って、ほぼ間違いなく、そのようなことは起きなかっただろう。これらの事件は、韓国系だとか黒人だから退去を求めたという直接的な表現はなかったが、人種的偏見に起因する行動という点で、〔アメリカ社会では〕人種差別だと考えられる。

それに比べて、昨今の韓国社会で見られる差別は非常に直接的である。釜山のサウナの店主は明確に「外国人」という理由で入場を拒否した。「内国人専用」という言葉は人種隔離政策期のアメリカの「白人専用」と、「外国人専用」という言葉は「有色人種専用」と大差ない。レストランやクラブでも「アフリカ人」だからと入店を拒否したり、「パキスタン、カザフスタン、サウジアラビア、インド、エジプト、モンゴル人」に対して入場を拒否した店もあった。

入店拒否の理由は他にもさまざまである。カフェやレストランで、乳幼児や子どもの入場を断る「ノーキッズゾーン」をめぐる論争がしばらく続き、中高生の入場を拒否する「ノースクールゾーン」までも登場した。子どもが騒ぐと他の客の利用の妨げになるというのが理由だった。中高生の入店を拒否しているカフェ側は、学生たちの迷惑行為を問題視しており、数人でコーヒーを一杯だけ注文して長時間居座っていたことでトラブルがあったという。

「ノー障害者ゾーン」はどうだろうか？　ある食堂では、ひとりで食事をするために訪れた障害者に「席がない」として入店を断った。障害者が店主の言葉を無視して入ると、「コミュニケーションがとれない障害者が店に入ったまま退去を拒否している」と警察に通報した。ある食堂は、聴覚障害者を受け入れられないとして予約を断った。店側は以前、聴覚障害者の客とトラブルがあったからだと説明し、いわゆる「ノーキッズゾーン」のようなものだ、との説明も付け加えた。

飲食店、カフェ、銭湯、映画館、アミューズメント施設など、大衆を相手に営業する各種施設でトラブルを起こす客の問題は、決して単純ではない。店舗を管理する者として、客にマナーを守ってほしいと求めるのは当然である。一部の客の利用を断る店は口を揃えて、特定の集団に問題があるから拒否するのだと説明した。しかし、客にマナーを求めることが許されるからといって、一部の客がマナーを守らないという理由で、特定の「集団」の入店を最初から拒否してもいいのだろうか？

学校や軍隊で、全員が一律に罰を受けた経験がある人は思い出してみよう。私も、クラスのだれかがミスや悪事をした際、クラス全員が連帯責任で体罰を受けた記憶が少なからずある。この際、問題を起こした当事者でない人は納得できない。正当な理由もなく罰を受けるからだ。あなたが当事者の場合は、全員が体罰を受けた後についてくる嫌がらせに耐えなければならない。連帯責任による体罰に不満を抱く「被害者」たちが、その原因をつくった当事者に報復するからだ。ひとつのクラスには数十人の生徒がおり、そのうち何人かはなんらかのミスや問題を起こすだろう。したがって、連帯責任による体罰は、単純計算で考えても日常的にくりかえされるしかない。

連帯責任による体罰は、責任のない人を処罰する理不尽な制度であり、ミスをした人に対しても行き過ぎた懲罰だ。もちろん、法律においても、他人の過ちに連帯責任を負わせる場合もある。たとえば部下が違法行為をした場合に、管理を怠ったとして上司が一緒に責任を負うことがある。しかし、そのような関係でなければ話は違う。たとえ一部の外国人が、あるいは一部の子どもや中高生が、一部の障害者が問題を起こしたとして、その集団全体に連帯責任を負わせることができるだろうか？

さらに重要な問いは、果たしてほんとうは「だれを拒絶しているのか」ということである。いわゆる「迷惑客」に関する逸話は数多い。アルバイト求人サイトのアルバモンは、2507人のアルバイト店員を対象に、マナーの悪い客についてアンケートをした。これに対して「タメ口や命令口調で話す」(54・2%)、「レジでお金やクレジットカードを投げてくる」(32・6%)、「アルバイト店員の権限でないことを要求してくる」(28・2%)、「自分のミスなのに店員に謝罪を強要する」(24・7%)、「言いがかりをつけて自分の腹いせをする」(15・6%)といった答えがあった。これらは当然、なくならなければならない行為である。

しかし、ノーキッズゾーン、ノースクールゾーン、ノー障害者ゾーンの設定で、こうした問題が解決されるだろうか。仮に、迷惑客が成人男性なら、「成人男性入店禁止」の看板を設置するのだろうか。または、迷惑客が近隣の大手企業に勤める社員だったらどうか。「○○社の社員は立ち入り禁止」と全社員の入店を拒否するのか。そんなことはないだろう。一方、外国人に対しては「単純に嫌」だという理由だけで「内国人専用」にすることができる。ある集団は、とくに問題を起こしていない個人でも入店を断られるのに、ある集団は、個々人のミスはあくまで個別に問題視され、集団としては問題視されない。なぜなのだろうか。

排除と分離のメカニズム

店主が客を拒否することは、一般的にはめずらしいことである。ひとりでも多く客が訪れるのは、店主にとっていいことのはずだ。

店のオーナーの立場で客を拒否するのは、この簡単な原理に反する場合、つまり収益に何の貢献もしない人が来るときである。具体例としては、代金を支払う能力がない人や、他の（より多くの）客にとって邪魔や迷惑になる人などがある。これらの理由のいずれかに該当する人は拒否しやすい。しかも、いずれにも当てはまるのであれば、なおさら簡単である。たとえば、「お金がなさそうで、（お金がある）多数の客が嫌悪しそうな人」なら。

店主は営利目的のためなら、どんなことをしてもいいのだろうか。かならずしもそうではない。儲かることでも、法律で禁止されている行為はことのほか多い。賞味期限が過ぎた食品を販売してはいけないし、虚偽や誇張の広告をしてもいけない。返品に対する払い戻しを勝手に拒否することもできない（＊２）。いずれも消費者の保護を目的とした措置である。では、「お金がなさそうで、多数の客が嫌悪しそうな客」を拒否するのはどうだろう。営業の自由だからそのまま放っておくべきなのか。それとも、公益のために規制すべきなのか。実は、アメリカの人種隔離の長い歴史も、このような拒否からはじまったのだ。

１９６４年公民権法が制定されるまで、アメリカの裁判所は、黒人が公共施設を利用することを拒否し、人種的に分離しても問題ないと判断していた。１８６７年、ペンシルバニア州最高裁は、「ウェストチェスター＆フィラデルフィア鉄道会社対マイルズ West Chester & Philadelphia Railroad Co. v. Miles」事件で、人種隔離に関してこう判決した。神は黒人と白人を異なる姿に造っており、私たちが人種的混交に不快な感情をもつのは当然であるから、白人と黒人を分離するのは当然のことである。分離するからといって、両者に優劣をつけるものではない。異なる人種間に憎しみが存在するのなら、紛争を避けて平和を守るためには両人種を分離してもいいというのである。

このような論理に支えられ、アメリカ国内の人種隔離は猛烈な勢いで拡大した。１８７０年代、南部諸州では人種隔離を法的に強制する「ジム・クロウ法」が制定された。黒人が白人と同じ学校、レストラン、宿泊施設、病院、劇場、理容院などの公共的な施設を使用するのを禁じ、「白人専用」または「有色人種専用」という標識が出入り口、トイレ、待合室、洗面所などに貼られた。そのうえ、しだいに両人種の仕事の内容までも分離されてきた。このような体制は1960年代まで続いた。

歴史的に悪名高い1896年の「プレッシー対ファーガソン Plessy v. Ferguson」裁判は、人種隔離政策に拍車をかけた。連邦最高裁はこの裁判で、人種隔離政策は有色人種の劣等を意味する政策ではないし、社会的偏見や不平等があるとしても、立法だけでこの問題を解決することはできないという判決を下した。「両人種の社会的平等は、お互いのメリットに対する相互理解と個人の自発的な合意による自然の親和性の結果」でなければならないとし、そうなるまでは「快適さと公共の福祉と秩序の保全のため、既存の習慣や伝統に従う自由がある」とした。

連邦最高裁は否定したが、プレッシー対ファーガソン裁判の判決がいう人種隔離は、明らかに白人の快適さのためのものだった。白人至上主義を維持する必要があったため、事業主たちは人種隔離を強制する国家の干渉にも反発しなかった。平等は「個人の自発的な合意」によっては実現しなかった。立法だけでは解決できないとされた偏見と不平等の問題は、結局1964年公民権法、1965年投票権法、1968年公正住宅取引法の制定で、解決の糸口を見出した。

前述したモーテルのオーナー、ロールストンは、人種差別を禁止する公民権法の営業規制は私有財産権を侵害するものだと主張した。これに対し、ウィリアム・ダグラス最高裁判事は、連邦最高裁判決の個別意見で、上院の報告書を引用して次のように反論した。私有財産を規制して差別を禁止することは、自由の制限ではなく、むしろ個人の自由を拡大することだという意見だった。

実際、私有財産制度は、多くの場合、その究極の目的である個人の自由に寄与するよう制限されていた。このような事実をもっとも明白に示す事例は奴隷制の撤廃だ。奴隷は主人の私有財産とみなされてきた。しかし個人の自由を大事に思う人なら、奴隷解放のせいで個人の自由が損なわれたとは、だれひとり思わないだろう。

営利目的の企業は、対象にしている主要な顧客の価値観に迎合するものである。しかし、顧客の偏見や差別意識に応えるため、特定の集団を拒否したり、隔離しようとするなら話は違う。アメリカが公民権法を制定して差別を禁じたのは、営利企業であっても、社会正義に反するやり方で利潤を追求してはならないという原則を打ち立てたものだった。大衆を相手に営業して得た利益を、もっぱら私有財産だと主張することはできない。企業の規模が大きくても小さくても、社会の構成員として企業が守らなければならない倫理と責任がある。

一方で、アメリカの事例は、絶対悪とされた恥ずべき人種隔離の歴史が、ほんの些細な「不快な感情」からはじまったということをあらためて認識させる。そして、その感情をどうあつかうかによって、歴史が変わることもあると教えてくれる。ある集団に対して抱く嫌悪感を、たんに仕方がないことだと思い、野放しにしておくと、さらに不平等が深まる。残念なことに、法律と規範なしに「個人の自発的な合意」を通じて平等が実現することを期待するのは難しい。不平等な体制を維持させる、私たちの感情の力を過小評価してはいけない。

宗教の名のもとに

1959年、アメリカのある裁判官は、白人と有色人種の結婚を禁止する法律を擁護し、このように述べた。

全能の父なる神が人間を創造する際に、白人、黒人、黄色人種、マレー人、レッドスキン（赤い肌）に分け、それぞれを異なる大陸に住まわせた。神の摂理を妨害する目的でなければ、そのような結婚をする理由がない。神が人種を区分したという事実が、人種を混合する意思がなかったことを示している。

黒人女性のミルドレッド・ラヴィングと白人男性であるリチャード・ラヴィングの夫婦により起こされた、有名な「ラヴィング対ヴァージニア州裁判 Loving v. Virginia」の第一審の判決内容である。二人は人種を超えて結婚したために、懲役1年という有罪判決を言いわたされ、最低25年間はヴァージニア州に戻らない条件で、執行猶予25年の判決を受けた。この事件は連邦最高裁判所まで上告され、1967年に連邦最高裁は全員一致で、人種間結婚を禁止する反異人種間混交法は違憲だと判決した。

人種隔離には宗教的な理由がふくまれていた。人種が異なるのは神の摂理なので分離されて当然であり、まして結婚は許されないこととされた。キリスト教の教理によれば、創造の摂理に反した「不自然な」結婚であり、そのような結婚をした親は子どもにも不幸をもたらすと考えられていた。当時、人種差別に反対する人も、異なる人種間の結婚には否定的だった。

ある種の差別は宗教的な理由でおこなわれる。宗教によっては、教理を理由に人種差別や性差別を正当化する場合がある。そこでは、差別は仕方ないものではなく、あえて差別しなければならない対象があると考えられるのである。かれらの教理がふくむ差別は、悪ではなく、神聖なる秩序であるからだ。しかし、時代と地域によって教理の内容も変わるようだ。近年では、アメリカのキリスト教がもはや人種差別を擁護しているとは思われないのも、そのような流れの一環である。

おそらく最近の韓国社会で、宗教的な理由を挙げたもっとも熱い争点のひとつは、同性愛ないし同性婚だろう。かれら〔キリスト教保守派〕は、同性愛は聖書における「罪悪」行為であり、同性婚は「創造主の摂理」に反するものだという。なかには、やや穏やかな表現で「同性愛者を愛している」と言う人もいるが、彼の言う「愛」とは、同性愛者を信仰の力で「治療し、転向させる」という意味をふくんでいる。このような観点からは、人間の性的指向やジェンダー・アイデンティティが人それぞれで、みんなが「ありのままの自分」を尊重されるのが当然という原則は受け入れがたい。私たちは、宗教的信念と差別禁止の原則が衝突したとき、どうすればいいのだろう。この問いかけは、人種差別の歴史、性差別の歴史、セクシュアル・マイノリティ差別の歴史へと連続し、長年のあいだくりかえされてきた。おそらく今後も延々と、尽きることのない問いになるだろう。宗教の教理の多くには、硬直した位階秩序と排他性が内在しているため、差別を禁じ、多様性を尊重しなければならないという人権の大原則と宗教的信念は、いつまでも衝突するほかない。

しかし、歴史的な観点から振り返ると、宗教的信念がつねにマイノリティを差別してきたわけではない。キリスト教徒は奴隷制を廃止するうえで重要な役割を果たした。アメリカのカトリック教会は、最高裁判所に対し、異なる人種間の結婚を擁護する内容の提言書を提出した。韓国で仏教界はセクシュアル・マイノリティに対する差別に反対し、連帯活動をおこなっている。貧しい弱者に向きあい、かれらの困難を分かちあうのは、多くの宗教が守り抜いた共通の価値観である。宗教は戦争の原因にもなるが、逆に平和をつくることもあり、さまざまな側面から人間の暮らしに影響を与えてきた。

人類は長い歴史を通じて、多様な宗教や信念に対する包容力と寛容が、平和と共存の基盤になるということに気づいた。現代の民主主義社会は、多数派を占めているのがどの宗教であれ、だれもが宗教を理由に差別を受けてはならないという原則を採用している。そして、特定の宗教の信念体系をもって国家を支配することもできない。大韓民国憲法第11条（平等権・差別禁止）と第20条（信教の自由・政教分離）も同様の原則を明らかにしている。宗教的信念を理由にだれかを敵視したり、嫌悪して排除を主張するのは、民主的社会の基本原理に反する。少なくとも、宗教的信念にもとづいて他人の自由と尊厳を傷つけることのない社会をつくらなければならない。

多文化主義のない「多文化」

「あちこち当たってみましたが、全部断られました」

「外国人の園児がいると韓国人の保護者たちが嫌がると、保育園から拒否されました」

これらは、京畿《キョンギ》道《ド》外国人人権支援センターが実施した「２０１７年京畿道外国人児童基本権の実態モニタリング調査」の結果に登場する事例である。保育園や幼稚園で、外国人児童が入園を断られたのだ。「うちの保育園にはアフリカの子どもはいない」「肌の色が違うので、子どもが適応できるか心配」「保育料は賄えるのでしょうか」などを理由に、外国人児童を門前払いにした。韓国人の保護者が嫌がることや、他の児童から差別されることを懸念して、最初から外国人児童を追い出すことにしたのだ。「心配」や「懸念」など、言葉のうえではきれいごとを並べても、実質的には拒絶だった。

かならずしも国籍の問題だけではない。前述のＰ氏がサウナの入場を拒絶された場合のように、見た目が外国人なら拒否される。そのため、韓国で生まれ、韓国籍を持ち、一生韓国で暮らしても、外国人あつかいされることになる。あるいは、見た目はまったく韓国人と区別がつかないのに、両親のどちらかが国際結婚による移住者だということで、外国人あつかいされることもある。ある人が、実際に韓国籍ではなく外国籍であろうが、あるいはたんに見た目が外国人風なのであろうが、要は、韓国人が定義する「韓国人」にふくまれる人と、そこから排除される人がいるということだ。

実際、だれを韓国人として定義するのかも曖昧だ。海外に移住し、その国の国籍を取得しても韓国人として受け入れてもらえる人もいれば、前述のように韓国で生まれ、韓国籍で暮らしていても韓国人として認められない人もいる。重要なのは、この境界線を引く権力を、だれかが持っているというところにある。この領土において、一部の人々が主人になりすまし、他の人々を客としてあつかい、拒絶する権力を行使している。

「韓国人」が「外国人」を毛嫌いするという、一見なんでもないように見えるこの感情は、サウナや飲食店で、また保育園や幼稚園で、人を拒否する行動としてあらわれる。そのような感情が消えないかぎり、人々の〔差別的な〕行動もやまないことは明白である。これらは学校や職場、公共交通、文化的空間など、いたるところで起こるはずのできごとだ。一部の地域では、すでに人種隔離がはじまっているという。また、韓国人の保護者が、海外からの移住者の子どもも、いわゆる「多文化児童」の在籍が多い学校への入学を避けることで、「自然に」分離が生まれるおそれがある。

こうした状況のもとで、「多文化児童」という言葉は、韓国社会の歪んだ風景を示している。

本来、多文化という言葉は、多様な文化の相互尊重と共存を強調する思想である多文化主義multiculturalismから生まれたものである。多文化主義は、各自のアイデンティティを尊重する平等な関係を前提としている。したがって、特定の文化を優位に置いたり、一方的に線を引いて排除する行動にはまったく似つかわしくない言葉である。ところが、韓国社会では「多文化」という言葉そのものが、特定の人をさす単語になってしまった。「本物」の韓国人ではない人を区別する用語として使われているのだ。

韓国人は「多文化」に属さないことを前提としたこの奇妙な構図は、韓国人を中心に考える矛盾した認識構造を反映しているように見える。それなのに、人々は「多文化」という言葉を使うことで、みずからが多様な文化を等しく尊重していると勘違いする。多文化主義を真剣に考える前に、言葉が汚れてしまい、原本がわかりにくくなっているかのようだ。「多文化学科」に所属する者として、私が感じるやるせない思いでもある。

ひとつ明らかな教訓は、世の中でもっとも美しい言語も、それを使う人によって、ときにはだれかを傷つける残酷な意味に変わりうるという事実だ。一部の人にとって「多文化」はスティグマであり、差別と排除の用語となった。次のある中学生の言葉のように。

「終礼後、先生が〝多文化の人は残って！〟と言ったことがある。私にも名前があるのに

〝多文化〟と呼ばれた。まるで私がなにか過ちを犯したかのような口調だったので、すごく傷ついた」

この章の冒頭で引用したアーサー・ゴールドバーグ最高裁判事の言葉を、あらためて考えてみよう。「差別はたんに紙幣や小銭、ハンバーガーや映画の問題ではない。人種や肌の色を理由に、だれかを社会の構成員として受け入れないとするとき、その人が感じる侮蔑感、挫折感、羞恥心の問題である」。すなわち、人間の尊厳に関する問題なのである。

＊1　チムジルバン……岩盤浴とさまざまな種類の低温サウナが楽しめる韓国のレジャー施設。日本の健康ランドに似ている。24時間営業が一般的。
＊2……韓国の法律では購入後7日以内は返品が可能とされている（著しく商品の価値が低下した場合を除く）。

7章 「私の視界に入らないでほしい」

クィアの居場所

「フェスティバル」になるはずだった。

ところが、パレードの参加者と同じくらい、パレードを中止させようとする人々が集まった。「同性愛は罪悪」「同性愛独裁禁止」「愛しているから反対します」と書かれたプラカードを持った1000人あまりがパレードを妨害した。パレード用車両のタイヤをパンクさせ、車の上に登って司会者を押し出し、レインボーフラッグを奪って折ってしまった。そのうえ、パレードの参加者に呪いの言葉を投げて、車いすを倒し、拳を振りまわすなどの暴力が飛びかった。2018年9月、仁川《インチョン》ではじめて開催されたクィア・カルチャー・フェスティバルでの風景だった。

突発的なトラブルもあったが、あるていど予見されていた状況でもあった。フェスティバルの組織委員会側が、クィア・カルチャー・フェスティバルを東仁川《トンインチョン》駅の北広場で開く予定だと集会申告を出すと、フェスティバルに反対する側も、同日に近くで反対集会をすると集会申告書を提出した。ソウルや大邱《テグ》などクィア・カルチャー・フェスティバルを開催する他の地域でも、似たようなことがくりかえされた。まず、フェスティバルの日時と場所が決まると、同じ日の同じ時間帯に反対集会を開く。最初から妨害を目的とした集会である。

そもそも、クィア・カルチャー・フェスティバルの会場の使用許可が下りないケースも少なくなかった。釜山・海雲台《ヘウンデ》区役所は2018年10月、釜山クィア・カルチャー・フェスティバルのために申請された亀南路《クナムロ》広場の使用を許可しなかった。市民がフェスティバルの開催を忌み嫌っていて、苦情が多いという理由だった。2017年10月、済州島の済州市庁も、済州クィア・カルチャー・フェスティバルのために新山《シンサン》公園の使用を許可した後、承認を覆した。それについて訴訟を起こされた後、済州市庁は会場使用をあらためて許可した。これらのケースは、クィア・カルチャー・フェスティバルの開催反対を求める苦情が原因だった。

こうした事例がくりかえされたため、見慣れた光景になってしまっているかもしれないが、少しだけ視点を変えて考えてみると、とても違和感のある光景になる。たとえば中学・高校や大学の学園祭を考えてみよう。一部の人は、ある学校の学園祭が気に入らないかもしれない。学校で開かれるお祭り自体があまり好きではないかもしれない。しかし、だからといって、イベントを妨害する意図をもって学校を訪れ、騒ぎを起こす人はなかなか想像できない。ほとんどの人は、自分はイベントに参加しないという結論を出すだけで終わる。

だれかが事前にイベントの開催を妨害し、わざわざ会場まで行って呪いの言葉や罵倒を浴びせ、暴力を加えるといった場面が想像できないのは、たいていは深刻な事態になる前に解決されるからである。たとえ、そのような人がいるとしても、無礼や無秩序をもたらす人々に対しては、主催側がただちに立ち退きを求め、警察も積極的に協力するだろう。当然、これを「衝突」と呼ぶ人もいない。一方的な妨害は「犯罪」と呼ばれ、そのような行動は世間から批判を受ける。これが私たちにとって見慣れた光景である。

ところが、不思議なことに、クィア・カルチャー・フェスティバルだけは少し違う。フェスティバルを邪魔する人よりも、フェスティバルを開催する人たちに世間は後ろ指をさす。人々は「わざわざ人が多い場所でするべきなのか」と問う。かれらは、セクシュアル・マイノリティの存在自体は受け入れられるが、見えないところで自分たちだけですればいいことを、なぜあえて広場に出る必要があるのか、人も衣装も、日常生活では見かけない風景を、なぜ「無理やりに」他人に見せるのかと聞く。いうなれば、やる場所が間違っている、ということだ。「普通の人」が使う広場や公園、街は「クィア」のいるべき場所ではないという。だとしたら、クィアの居場所はどこにあるのだろうか。

公共空間の入場資格

記録によれば、ヨーロッパにおける最初の公共空間は古代ギリシアのアゴラ（広場）だという。アゴラは、だれもが平等な発言権を持ち、民主主義的な実践がおこなわれる空間だった。しかし、アゴラに出入りできるのは成人男性に限定され、女性や子ども、奴隷は排除された。つまりアゴラは、「不平等な者」の存在を前提にした平等の場だったのだ。ハンナ・アーレントは、アゴラでの政治的な平等は私的領域での厳格なヒエラルキーと支配を前提にしていると述べている。家長がアゴラで享受する自由のために、私的領域である家庭は犠牲になるしかなかった。

現代社会がめざす「すべての人」の平等は、すべての人がアゴラに自由に出入りできるようになってはじめて実現できる。しかし実際はどうだろうか。この時代、アゴラに自由に出入りする資格を持っているのはだれで、私的領域に残るよう求められているのはだれなのか。性別、障害、年齢、性的指向、ジェンダー・アイデンティティ、国籍、民族などの個人の特性は、アゴラに入場するためのシニフィアン（表象）として働く。不平等な社会では、このシニフィアンによって入場の可否が決まる。結果として、一部の人々はそのシニフィアンのために入場を断られ、私的領域に残るようにと帰されるのだ。

公共の空間から参入を断られた人々の姿は見えない。見えないというのは、ある人をマイノリティ（少数者）にする重要な性質のひとつだ。ここで「少数」というのは、たんに人数の多さや少なさだけで決まるわけではない。女性のように、人数は多いが、〔議会のような〕公共の場ではなかなか見えない人もいる。

かれらが見えない理由はさまざまである。まず、最初からいないケースだ。いない理由もさまざまだ。そもそも生まれてこないようにしたり、出入りを禁じたり、追い出したり、極端に言えば殺されたからなのかもしれない。恐ろしいことだが、歴史的には実際に起こったことで、いまでも起こっていることだ。男児を好む傾向が強い時代には、数多くの女児が中絶手術で姿を消した。いまも依然として、遺伝的障害が見つかった胎児は、この世に生まれてくることができない場合もある。ナチス・ドイツは「純粋な」ドイツ民族の血統と優越性を守るために、ユダヤ人、ロマ（ジプシー）、同性愛者、障害者などを追放したり、殺害したりした。韓国では、済州イエメン難民（2章参照）をめぐる論争が激化すると、イエメンを済州島へのビザ免除措置対象国から除外し、イエメン難民の入国を禁止した。

隔離を通じて見えなくすることもある。韓国は、1986年のアジア競技大会や88年のソウルオリンピックを控え、大々的な都市環境整備事業を展開した。外国人観光客を迎え、韓国の経済発展を宣伝するために、街中の「浮浪者」を強制移住させ、施設に収容した。87年には全国に36か所ある浮浪者施設に1万6125人が収容されていた。深刻な人権問題が浮き彫りになった兄弟福祉院事件（*1）をはじめ、当時の浮浪者施設は「貧しくて汚いもの」を街から取り除いて見えなくする、隔離収容の場だった。

街にいる中高生を考えてみよう。ただ立っているだけでも、人々はかれらに視線を送りながら通りすぎていく。しばしば大人たちは、「制服を着てうろうろしている高校生のグループ」を見て遠回りしたというエピソードを語る。大人にとって、中高生が街に立っているのは見慣れない風景である。青少年は家庭や学校にいるべきで、公共空間にはかれらの居場所がない。ましてや公共空間でタバコを吸うなど、大人と同じ行動をすれば、その行動自体が街を支配する秩序に対する重大な挑戦と受け取られる。そのため、大人たちはときどき、みずから青少年の行動を規制する治安維持の役割に名乗りを上げる。

実際に、私たちはかなり頻繁に、だれかに警告するために、街中で視線を使っている。街を歩くとき、だれに視線がとまるかについて考えてみよう。男性二人が手をつないで歩いていたり、露出の多い服装をした女性、身なりが汚い人が通るときなど、自分でも無意識のうちに、かれらに視線が向かった経験があるのではないだろうか。街はみんなの空間でなければならないが、みんなに同等に開かれた空間ではない。街には人と行動を規制するルールと監視体制がある。

つまり、街は中立的な空間のように見えるが、その空間を支配する権力が存在する。匿名の多数が、視線で、言葉や行為で、あるいは直接的な妨害や法的手段を使って、街に「ふさわしくない」不穏な存在を取り締まることに参加する。かれらは、入場する資格がないのに公共空間に侵入した者、街の秩序に順応しない者を追放し、教化する。こうした視線の匿名性と遍在性のせいで、「馴染まない存在」であるマイノリティは、日常的に視線あるいは「監視」のプレッシャーを感じ、慢性的に生活の不安を感じてしまう。

そのため、ときとしてマイノリティは自分を隠す戦略を選択する。これが、マイノリティが公共空間で見えない、もうひとつの理由である。すべての人に当てはまるとはかぎらないが、自分のアイデンティティを隠すことが可能な場合がある。人種差別を避けるために、複数の血統を持った人の一部は、生まれつきの外見が白人に近い場合、「白人」のように行動する。スティグマを回避するために、社会が「正常」や「主流」とするアイデンティティを装う戦略をとるのである。アーヴィング・ゴッフマン（1963）は、このような試みを「パッシング passing」と呼ぶ。

セクシュアル・マイノリティはパッシングが可能な場合が多い。多くの場合、本人がみずから明らかにするまでは、セクシュアル・マイノリティであることはわからない。そのため、あえて自分がセクシュアル・マイノリティであることを表明する「カミングアウト」は、おかしいと思われるかもしれない。社会的スティグマや差別にみずからをさらす行為であるからだ。個人の性的指向（だれに性的に惹かれるのか）やジェンダー・アイデンティティ（自分の性をどのように認識しているのか）は、きわめてプライベートな情報であるため、基本的には、これを公《おおやけ》に公開する理由はあまりない。

しかし、そのような観点から見れば、性別、年齢、人種、障害、生活水準などもさほど変わらない。すべてがきわめてプライベートな特性である。ほんとうは、公的な場で起こる差別の大部分は、個人の私的な特性からはじまる。それゆえ「なぜ私的な特性を公的な場でさらけ出すのか」という質問は道理に合わない。実際には、特定の私的特性のみが（たとえば男性、成人、異性愛者）受け入れられ、特定の私的特性は（たとえば女性、子ども、同性愛者）公の場でさらけ出すものではないという理由で拒否されるのだ。

こう考えてみれば、「なぜあえて公共の場でするのか」という質問には、相手の私的特性を、公共の場では受け入れたくないという意味が込められている。セクシュアル・マイノリティに対する「なぜわざわざフェスティバルを開催するのですか」「なぜあえてカミングアウトするのですか」という質問は、「セクシュアル・マイノリティ」というシニフィアンにはアゴラに入場する資格がないという前提をふくんでいる。それは、かれらに「あなたたちは私的領域に残るべきであり、公共の場では見えない存在でいてほしい」と要求することである。

それゆえに、逆にセクシュアル・マイノリティがフェスティバルを開催し、カミングアウトをする理由もより明確になる。見えない存在であるセクシュアル・マイノリティにとって、フェスティバルやカミングアウトは、見える存在として平等な世界に入場し、民主的な討論に参加するために、烙印を押された私的なシニフィアンを公共の場に露出する行為である。よって、質問を変えなければならない。どのような私的特性が公共の場で受け入れられるのか。公共空間の主人はだれなのか。公共空間への入場資格はだれが決め、だれが統制しているのか？

嫌いと言える権力

セクシュアル・マイノリティのフェスティバルに反対する理由は、簡単に言えば嫌だからだ。大勢のセクシュアル・マイノリティが広場に集まっているのも嫌で、かれらが愉快にフェスティバルを楽しむのは気に入らないし、そのような光景を見るのも気に障るのだ。人々はよく、「だれかを嫌う自由もある」と言う。個人の感情にまで社会が干渉するのは行き過ぎだと感じられる。だから、嫌なことは嫌だと表現してよいと思っている。

文在寅《ムンジェイン》大統領も、大統領候補時代にテレビ討論会でこのように言った（＊2）。

「私は（同性愛が）好きではないです」

彼はそのうえで、差別禁止とは別の問題だと述べた。この「好きではない」という言葉をどう理解すればいいのか。セクシュアル・マイノリティの有権者たちは、この発言をひどく侮辱的と感じ憤慨していた。しかし一部の人は「同性愛を嫌うのも個人の好みだから、そういうこともありうる」と話した。大統領候補も人間だから、だれかを嫌う自由がある。しかし、ほんとうに私たちはだれでも、どこでも、人を嫌う感情を尊重すべきなのだろうか。

実は、だれにでも、どんな場でも嫌いと言える自由があるわけではない。私たちは生きていくなかで、自分の居場所と立ち位置によって、嫌なことを嫌だと表現できない状況を、数え切れないほど経験する。嫌なことを嫌だと表現できるのは権力である。この権力は、賢く使えば非常に意味がある。権力者に向かって嫌だと表現できるか否かは、市民が権力を獲得するうえで非常に重要な要素である。女性が男性に対して嫌だと言えるとき、部下が上司に嫌だと言えるとき、権力関係は従来とは異なる関係に変わる。

しかし、権力を持った人が使う「嫌い」の表現は違う。社長が社員に向かって嫌いと言うとき、教師が学生を嫌いと言うとき、これらはたんなる個人の好みの問題ではなく、権力関係の変動でもない。まさに権力そのものである。無数の差別は、嫌いという感情から生じ、その感情が、だれかを機会や資源から排除する権力として働く。マジョリティ集団が、特定の人を嫌いと指さすことで、「馴染みのない者」を選別し排除する、パノプティコン(*3)のような監視システムが作動をはじめ、公共の空間を統治する。

それゆえ、異性愛者が言う「同性愛者が嫌い」という言葉は、同性愛者が「異性愛者が嫌い」と言う言葉とは重みが違う。同様に、非障害者が「障害者が嫌い」と言う言葉は、障害者の言う「非障害者が嫌い」と同じではなく、ある国の国民が「難民が嫌い」と言うのは、難民が「〇〇国民が嫌い」と言う言葉とは違うのである。言葉そのものではなく、その言葉を発する側と受け取る側双方における権力関係が、その言葉の意味と結果を決定するからである。

サラ・アーメド（2015）は、感情はたんなる心理的傾向ではなく、社会規範に投資された一種の資本だと述べている。社会にネガティブな感情を投資した結果は良いものではない。嫌悪の感情は、情動経済 affective economy を循環しながら不正義を生産する。嫌悪が生み出す不正義は、ときに暴力につながる。仁川クィア・カルチャー・フェスティバルに反対した人々は、ただ侮辱の言葉を発するのにとどまらなかった。車を破壊し、人を押し倒し、フラッグを奪って壊すという犯罪行為をおこなった。

このような犯罪を「ヘイトクライム」、別の言葉で「偏見を動機とする犯罪」という。2016年5月17日、ソウル江南《カンナム》駅10番出口付近の商店街トイレで起きた殺人事件も、偏見を動機とする犯罪だった。犯人は、「普段から女性たちが自分を無視するので殺した」と供述した。殺人の動機が女性に対する憎悪に由来したということであり、被害者がたんに「女性だったから」危害を加えたという趣旨の供述だった。

ヘイトクライムの可能性が、〔潜在的な〕被害者の行動を制約することもある。女性を対象にしたヘイトクライムを理由に、女性に対して服装や身だしなみに気をつけるように言ったり、夜遅くまで街を出歩かないようにと注意することなどがそうだ。仁川クィア・カルチャー・フェスティバルに先立って、仁川東区庁も、事故が懸念されるとして広場の使用を認めなかった。また、広場を使用するために、主催側に保安要員300人と100台分の駐車スペースを用意するよう求めた。

ロシアでも、セクシュアル・マイノリティのフェスティバル「プライド・パレード」をめぐって仁川と同じようなことがあった。モスクワ市は2006年から引き続きこのイベントの開催を禁じていた。市は、公共の秩序を守り、暴動を防ぐためだという理由を挙げた。プライド・パレードというイベントそのものが秩序を乱し、暴動を起こすからではない。プライド・パレードに反対する人が多く、セクシュアル・マイノリティに出会ったら暴力を振るうと脅迫する人がいるという理由だった。反対者のせいで街が混乱し、暴動に広がるおそれがあるという理由で、セクシュアル・マイノリティの街頭パレードを禁止したのだ。

「被害者があえて公共空間に出てくるから犯罪が発生するのだ」というのは、被害に脆弱な集団、すなわちマイノリティに犯罪の原因を見出し、かれらに責任を転嫁する典型的な言い方である。そうやって被害者に責任を帰し、マイノリティが公共空間に登場しにくくする方式をとるのだ。犯罪を企てる人々の望み通りの決定を国家が下すことになる。

欧州人権裁判所は、このようなマイノリティ排除の論理に同意しなかった。2010年の「アレクセイエフ対ロシア Alekseyev v. Russia」判決で同裁判所は、民主主義社会の核心は「多元主義、寛容、寛大」であることを強調し、次のように述べた。

この事件で当局は、(プライド・パレード参加者への)暴力を促す聖職者に対しては何の措置もせず、攻撃の対象になったパレードを禁止した。そのように露骨で不法な煽動を根拠にパレードを禁止したことで、当局は故意かつ明示的に法律と公共秩序に反する結果をもたらし、平和的な集会を妨害しようとした人々や団体の意思を承認した。(…)

仮に、多数者が受け入れるという条件においてのみ、マイノリティ集団が(欧州人権)協約上の権利を行使できるのなら、それは協約に盛り込まれた価値に反する。仮にそうなら、マイノリティ集団の信教の自由や表現および集会の自由に対する権利は、協約が求める実質的かつ効果的な権利ではなく、理論上に過ぎない権利となるだろう。

権力者あるいはマジョリティには、嫌いな集団を排除できる力がある。公共の場で、公に嫌いだと表明することは、その集団が嫌われてもよい集団であることを世間に見せつけることになる。そのため、欧州人権裁判所は「民主主義とは、単純に多数派の観点がつねに優位に立つことを意味するのではない。支配的な地位の濫用を防ぎ、マイノリティに対する公正かつ適切な待遇を保障するための均衡を保つ必要がある」と強調している。モスクワ市当局は、セクシュアル・マイノリティのパレードを禁止するのではなく、かれらが安全に権利を行使できるように保護することを選択しなければならなかった。

文在寅大統領候補（当時）が「同性愛は好きではない」「同性愛に反対」と発言した次の日、セクシュアル・マイノリティの活動家たちは、彼の前に近づき、こう叫んだ。

「私の存在に反対ですか？」

多数に支持されて多大な影響をおよぼす権力者が、テレビ放送で特定のマイノリティ集団を「好きではない」と公言したのは、たんなる個人の好みの表現ではなく、そのマイノリティを公共空間から外へ押し出すためのシグナルだった。彼が言った「差別禁止」とは、同性愛者をアゴラの外に追放した後の平等に過ぎず、「私の存在に反対ですか」と叫ぶセクシュアル・マイノリティのデモは、壁の外に追いやられた者たちの叫びだった。

領土の倫理

人には、それぞれの考える正義の範囲 Scope of Justice がある。一見するとだれもが正義を求めているようだが、実際に人々が考える正義のおよぶ領域には限界線がある。ある境界を基準に、その領域内にいる人々は尊重されるべきで、公正な分配が実現されなければならないと思う。しかし、その境界の外にいる人々は、敵とみなされ、非人間化され、残酷なあつかいをしても許される。他者であるかれらは、正義が影響力を持つ道徳的な世界の外に存在する。

モートン・ドイッチ（1985）は、正義の範囲は自分が所属する「道徳的共同体」の境界に沿って形成されると説明する。その心理的な境界をどう設定するかによって、われわれの態度が変わる。その内部の者は、共同体の構成員として権利を享有して当然だと考える一方、外部の者は同等の権利を享有する資格がないと考える。スーザン・オポトウ（1990）の言葉を借りれば、このように「ある人や集団が道徳的価値、規則、公正性が適用されない外部世界に存在すると認識していると、道徳的排除 moral exclusion が起きる」。

こうした心理的効果を通じて、人々は、不平等な状況を平等だと考える矛盾におちいる。古代ギリシアのポリスのように、だれかを排除した状態で「みんな」が平等だと考える錯覚におちいってしまうのだ。韓国社会では、すべての人が平等なのだろうか。おそらく、そう考える人はすでにアゴラに入場したマジョリティの立場にいる可能性が高い。かれらにはアゴラの外の人々が見えていないか、外にいてもよい人々だと、何かしら理由をつけて自分の考えを正当化しているのだろう。

古代ギリシアのポリス時代をはじめ、長きにわたり、不可視性が極大化した人々の代表は奴隷だった。奴隷が存在する理由は、かれらの労働力を必要とする人々がいるからだった。しかし、奴隷には顔も名前もなく、物理的には社会の中にいるが、同等な権利や社会的関係を持った構成員としては認められない、透明人間のような存在だった。ハンナ・アーレントの言葉を借りれば、奴隷はその労働力の必要性によって「人間存在の枠の中にとにかく組み入れられた」が、人間としての権利を失い「人類《メンシュハイト》から追放」されたのだ(＊4)。

奴隷という地位は、たんに名称から決まるのではない。奴隷とは、人間としての権利を与えられないまま労働力だけを必要とされる状態を意味する。「枠の中」に存在していても、その土地の「主人」とは平等でない人、政治的権利を剝奪され権利を要求することもできない人、「主人」が必要とする労働力を提供し終えたら、痕跡も残さず消滅しなければならない人。こうした人々は、現代社会において何と呼ばれるかとは無関係に「奴隷」といえる。このような「現代の奴隷」は、私たちのまわりにどんな姿で存在しているのか。奴隷とは、とっくに消えた昔のことだと考えてもよいのだろうか。

外国人労働者の多くは、自分たちを韓国に受け入れた外国人労働者雇用許可制を「現代の奴隷制」と言う。この主張は一見過激のように聞こえる。もしも、ほんとうにかれらが言う通りなら、その労働力を利用している韓国人の私たちは、非常に悪い人々であることを認めなければならないからだ。奴隷を働かせる農園主のイメージを、自分に重ねあわせることは難しい。そのために、冷静に判断することができず、かれらの話に真剣に耳をかたむける前に、事実ではないと否定するようになる。しかも、雇用許可制は政府の政策であり、そもそも外国人労働者の権利を保護するという趣旨で、かつての外国人産業技術研修生制度にかえて作られたものである。

雇用許可制は、韓国人から敬遠される仕事において、雇用主が外国人を雇用できるよう政府が許可する制度だ。外国人労働者は原則として最長3年間働いたのち母国に戻らなければならないが、雇用主の要請があれば、期間を多少延長して働くことができる。しかし労働者は、勝手に雇用主のもとを離れることができない。法律が定める一定の条件を満たした場合にかぎり、限定的に受け入れ先企業の変更が許される。しかし、それさえも、雇用主が労働契約を解除したり、企業の休業・廃業、労働条件違反のような不当な処遇など、雇用主側の原因で雇用の維持が困難な場合にかぎられる。

この制度について馴染みの薄い印象を受けるのなら、前の段落に出てくる「雇用主」という単語を、類義語である「主人」に変えて読んでみよう。少し異なる観点から見えるかもしれない。雇用許可制は、外国人労働者に働く権利を与える制度というよりも、主人が外国から労働力を導入する権限を与える制度である。外国人労働者は、自分を採用した主人の専属になり、自由に主人のもとを離れることもできない。韓国に滞在できる期間を決める権限も主人が持つ。もし許可なく主人のもとを離れると、違反者となり追放されることになる。このように、ある雇用関係が、ひたすら雇用主の利益のために、そして雇用主のみによって決められるとしたら、奴隷制が遠い昔の他人事に過ぎないと、自信をもって言いきれるだろうか。

ひとつの領土内に、異なる権利を持って暮らしている集団がいる。私たちはこのような社会体制を、身分社会または階級(カースト)制度と呼ぶ。外国人労働者は外国人なので、参政権を持っていない。永住権者に地方選挙の投票権を付与した一部の例外をのぞき、外国人には原則として参政権が保障されない。このような分離した体制が続くと、どんな身分構造が生まれるだろうか。外国人労働者が、過去の奴隷のように「社会的に死んだ人間」として存在するかぎり、社会は不平等な身分構造を、目で見ても認識できない状態におちいるかもしれない。

韓国の憲法裁判所も、この不平等を認識していないか、正当化しているようだ。外国人労働者に関する事件の判決書で、憲法裁判所は「外国人に(…)基本権享有主体性を認めるということが、直ちに韓国の国民と同じ水準の保障をするということを意味するわけではない」と述べている。外国人にも憲法上の権利はあるが、外国人には自国民より狭い範囲の保障を適用するという意味だ。憲法裁判所が想定している正義のおよぶ範囲からは、同じ領土内でともに暮らしている人々の一部が排除されている。

マイケル・ウォルツァー（1983）は、権利が少ない、または権利を持たない階層が領土内に存在すること自体が、すでに民主主義に反する「専制 tyranny」であると言う。民主主義が実現するには、基本的な前提として、社会のすべての構成員が平等な関係をもち、対等な立場で討論できなければならない。国籍が違うからといって、人を存在しないかのように消し去ることはできるだろうか。私たちは、同じ空間を共有しながら生きていくための倫理について考えなければならない。そうしてこそ、隠蔽された不平等を前提として平等を享受していた、古代ギリシアのポリスとは違う、真の民主主義をつくることができるだろう。

＊1……釜山にあった福祉施設「兄弟福祉院」が、1975年から87年まで浮浪者、障害者、孤児など約3000人を強制的に収容した。施設は収容者を強制労働に動員し、日常的に暴行を加え、513人の死亡者を出した。

＊2……文在寅氏が敗北した第18代大統領選挙中（2012年）の発言。

＊3……イギリスの哲学者ジェレミ・ベンサムの考案した監獄施設における全展望監視システム。ミシェル・フーコーはこれを「規律訓練 discipline」型と呼ばれる権力作用の例として説明した。

＊4……奴隷を用いる者にとっては、奴隷を非人間化するのではなく、同じ人間の中のひとつの類型であるとすることで罪悪感を免れることができる。それによって奴隷の存在を合理的であるとみなし、正当化することができる。アーレントはそれを「人間存在の枠の中」と表現した。『全体主義の起原（2）帝国主義』318頁。

III

私たちは差別にどう向きあうか

8章　平等は変化への不安の先にある

「秩序」というもの

2016年、ソウルの冬を盛り上げたキャンドル革命（＊1）を振り返ってみよう。デモ隊は数時間にわたり道路をふさぎ、大通りで一緒に歌を歌った。いつもの街よりも人が少し多かったていどで、集会のせいで不便を感じた人はいなかった。むしろ、集まったみんなは集会を楽しんでいたし、民主主義を実践しているという実感で心が満たされていた。憲法が保障する集会とデモの自由を満喫していると感じていた。

あなたがこのように記憶しているなら、キャンドル革命に参加していたか、それに共感する立場だったのだろう。集会とデモの自由は、万人の権利である。しかし、この権利を行使する人に対する感覚は、自分が〔社会の〕どこに位置しているかによって異なる。立場や置かれた状況が変われば、人々の反応も変わるのである。

2018年6月、ある木曜日の午前10時、ソウルの地下鉄1号線でデモがあった。このデモがおこなわれる約8か月前の2017年10月、車いすに乗ったひとりの障害者が、新吉《シンギル》駅の階段に設置されていた車いす用電動昇降機に乗ろうとしたところ、階段から転落し死亡した事故があった。この事故をきっかけに、障害者団体の「ソウル障害者差別撤廃連帯」は、障害者の移動の権利の保障を求めるデモをおこなったのだ。車いすに乗った障害者たちが、新吉駅から市庁駅までのあいだの、すべての停車駅で乗降をくりかえした。その結果、電車がわずか6駅を走行するのに1時間40分かかった。いつもの5倍以上の時間がかかったことになる。大勢の市民が、このデモに激しく抗議した。

「市民を人質にしてどうするんだ！」

「忙しい人たちを相手に、何をやってるんだ」

「出て行け、この×××！　どうして、よりによってここでやるのか」

障害者たちが何のためにデモを企てたのかについて関心を示す人もいたが、多くは指をさして罵倒し、険しい表情を浮かべた。

おそらく、その中には、心の中で、そのようなやり方は効果的ではないと、よけいなアドバイスをした人もいただろう。こうしたデモに対する市民の反応は、おおむね冷ややかだ。激しいデモを通じて民主主義を勝ち取った韓国の歴史にもかかわらず、多くの人々は、自分の日常生活を妨げる他人の集会やデモを、公共の秩序にとって有害な行為とみなしている。

公共の秩序は多くの場合、人権と緊張関係にある。憲法は、集会と結社の自由などの基本的人権を保障しているが、そこには限界がある。憲法第37条第2項は、「国民のすべての自由と権利は、国家安全保障・秩序維持又は公共の福祉のために必要な場合に限り、法律で制限」できるとしている。ただし「制限する場合でも、自由と権利の本質的な内容を侵害することはできない」と限定が付されている。

世界人権宣言もそうだ。「人類社会のすべての構成員の固有の尊厳と平等で譲ることのできない権利」を承認し、権利条項を並べている。しかし、公《おおやけ》の秩序のために必要な場合は、権利を制限しうるとしている。世界人権宣言第29条の第2項は「すべて人は、自己の権利及び自由を行使するに当っては、他人の権利及び自由の正当な承認及び尊重を保障すること並びに民主的社会における道徳、公の秩序及び一般の福祉の正当な要求を満たすことをもっぱら目的として法律によって定められた制限にのみ服する」(*2)としている。

個人の基本的人権は公共の秩序のために制限することができるという、このひとことは、状況によって、ときに強力な力を持つ。極端に言えば、多数派の立場から、マイノリティのすべての権利を否定し、活動を抑圧するための手っ取り早いマジックワードになりうるのだ。「公共の秩序」の「公共」が多数を意味するのなら、間違いなくそうだ。多数派が同意する秩序こそが公共の秩序であり、これを保護するために少数派の権利を制限できる、という万能の論理が誕生するのである。

不当な法律に対する疑問

法と秩序を守ることは、市民の義務なのだろうか。たいていの場合、法律と秩序に従うべきことは正論である。しかし、かならずしもつねにそうではない。不当な法律や秩序に反対することも、市民の責務だからだ。法律そのものが不当である場合があるという事実は、ナチス・ドイツの反ユダヤ主義や南アフリカ共和国のアパルトヘイトなどの事例の通り、不正義な社会秩序がつくられ執行された経験を通じて十分に私たちは学んだはずだ。歴史は、不正義な法律を執行した者を、戦争犯罪者という名称で裁判によって処罰した。

韓国も不正義にあふれた時代を経験した。代表的な例として、憲法上の基本権を無効化して、人民革命党事件(*3)をはじめとする大規模な人権侵害をもたらした維新体制時代(*4)の憲法と緊急措置について考えてみよう。これらも一応、法律という外形は整っている。「国家の安全と公共の秩序を維持するため」という、一見正当な理由があるように装われていた。しかし、安全と秩序という言葉は、人権を制限する万能の論理として使われ、権力者による恣意的な統治を容易にした。

1972年に制定された維新憲法第53条第1項は、「大統領は（…）国家の安全保障又は公共の安寧秩序が重大な脅威を受けるか、受ける恐れがある際、迅速な措置をとる必要があると判断した場合には（…）国政全般にわたって必要な緊急措置を取ることができる」とした。さらに第2項は、「大統領は、第1項の場合に、必要だと認める時には、憲法に規定する国民の自由と権利を暫定的に停止させる緊急措置を発令することができ、政府や裁判所の権限に関して緊急措置をとることができる」とした。

維新政権は、この憲法条項にもとづいた一連の緊急措置を発令することで、政府に反対する発言や活動をすべて禁止した。集会とデモの自由、報道と表現の自由が深刻に制限された。緊急措置に違反または誹謗したという理由で、令状なしに逮捕、拘束、押収、捜索され、有罪判決を受けて拘禁されるなどの被害を受けた人は1260人（4・9統一平和財団の推計による）に達する。維新憲法第53条と緊急措置1、2、9号は、2013年になってようやく憲法裁判所が違憲と判断し、被害者たちの再審請求が可能になった。

「公共の秩序」や「安全保障」という言葉は、表向きには大きな問題はないように見える。ましてや、現行憲法にもある言葉だ。万人の安全と秩序のために、個人がみずからの権利を譲らなければならない場合があるという言葉は、きわめて妥当なものと考えられる。もしかしたら、維新時代に「祖国と民族の限りない栄光のために忠誠する」という国民儀礼をし、「小の虫を殺して大の虫を助ける」ことが当然だという道徳律を築き上げた世代にとっては、社会の秩序のために個人の権利を犠牲にすることは当たり前に感じられるかもしれない。

加えて、人々は基本的に権威に従う傾向がある。1963年、スタンレー・ミルグラム(1963)は、やや衝撃的な実験を通じて、人が他人に危害を加えてまで権威者の指示に従うという事実を明らかにした。実験は簡単なものだった。参加者がどのレベルまで研究者の指示に従うのかを観察するものだ。

実験の参加者たちは、問題を解いている人が答えを間違えるたびに、電気ショックを加えることを要求された。15Vから最大450Vまでの電気ショックを与える30個のスイッチを参加者の前に並べ、別の部屋にいる人が問題を間違えるたびに、徐々に強度を高めるよう指示した。参加者の65%が、最終的に450Vのショックを与えるまで研究者の指示に従った。参加者らは、電気ショックを受ける相手が苦しみを訴えても、「大丈夫です」と安心させる研究者の言葉を信じて最後まで指示に従った。

権威に従う傾向は、現在の法と秩序を固く守ろうとする傾向につながる。人々は、慣れ親しんだ既存の法律と秩序から離れた、不慣れな状況を簡単には受け入れられない。研究によれば、権威に従う傾向が強い人は「世の中を危険な場所だと認識」し、「他人の動機を疑い、異質な人を嫌う」傾向があるという（Jones 2014）。つまり、かれらは不安と猜疑心のために変化に反対するということだ。

韓国で、二十数年前まで「同姓同本」、つまり名字である「姓」と、始祖の発祥をあらわす「本貫《ボングァン》」が同じ人のあいだの婚姻を禁止していた理由も、社会秩序が崩壊することに対する不安感だった。1958年、民法の制定とともに登場した同姓同本の結婚禁止規定により、多くの人が婚姻届を提出しないまま家庭を築くことを強いられ、現実を悲観して自殺におよぶカップルもいた。この制度は97年になって憲法裁判所が違憲の判断を下し、消えることになった。

しかし、当時、儒林《ユリム》という儒学を信奉する人々は、この禁婚制度の廃止に激しく反発した。かれらは「同姓同本のあいだの結婚が好き勝手におこなわれた場合、良風美俗に反し、社会秩序が崩れる」「わが民族固有の良風美俗を破り、西洋の慣習に従うのか」「同姓同本の禁婚制度が廃止されれば、私たちはみな人倫に外れた人になる」といった理由を挙げた。同姓同本結婚禁止制度の廃止は、儒林の立場からすれば重大な秩序の破壊であり、伝統に対する裏切り行為だったのだ。一部の儒林は、この決定に抗議するために自殺までほのめかすほどだったので、かれらにとっては、まさに恐ろしい変化だったに違いない。

2005年には、憲法裁判所が戸主制に対して違憲判断を下し、父系血統主義にもとづいた家族制度は徐々に姿を消していった。しかし、それまで懸念されていたような社会の混乱は起きなかった。ただ新しい秩序ができただけだった。より多くの人が、自由に好きな人と結婚して幸せになり、世の中はさらに平等になった。

憲法裁判所は戸主制が違憲であると判断し、それまで伝統と呼ばれていた従来の秩序が「社会的弊習」になりうることを、次のように論証した。

> 韓国憲法における「伝統」「伝統文化」とは、今日の意味で再解釈されなければならない。そして今日の意味をとらえるにあたっては、憲法理念と憲法の価値秩序がもっとも重要な尺度のひとつとなるべきであることは言うまでもないが、ここに人類の普遍価値、正義と人道の精神などを併せて考慮すべきである。(…)歴史的伝承として、今日の憲法理念に反するものは、憲法前文で打破の対象と宣言した「社会的弊習」になりうるものの、憲法第9条が「継承・発展」させようとした伝統文化には該当しない。

民主主義社会において守られるべき秩序とは、たんに既存の慣習や法律を守ることではないことは明確だ。憲法裁判所の言葉のように、「憲法理念と憲法の価値秩序」「人類の普遍価値、正義と人道の精神」などに従い、ある秩序は廃棄あるいは修正されなければならない。差別もまた廃棄されるべき秩序のひとつであり、このような既存秩序への挑戦が、社会の混乱を招く動きと誤認されてはならない。逆に、平等を実現するための正当な歩みとして理解されなければならないのだ。

同姓同本結婚禁止の時代を経て、今日の韓国では、「同性婚を認めると家庭や社会、国家が崩壊する」として、同性間の結婚に猛反対する意見が根強い。しかし、ドイツ、アメリカ、イギリス、フランス、カナダなど、すでに同性婚を認めている25か国以上の状況は、韓国社会で支配的な意見とはかけ離れている。2001年にはじめて同性婚を認めたオランダでは、毎年1200～1400組の同性カップルが結婚している。もちろん、オランダは「崩壊」しなかったし、フィンランド、ノルウェー、デンマーク、アイスランドなど、同じく同性婚が認められた他の国と並んで、世界でもっとも幸福度の高い国のひとつとして健在である。

2014年の「韓国LGBTIコミュニティの社会的欲求調査」によると、この調査に参加したレズビアン937人のうち55・5%、ゲイ989人のうち42・0%が恋愛をしており、調査時点で恋人と同棲している人は、レズビアンのうち17・3%、ゲイのうち8・4%だった。現在同棲している人だけに限定して質問した場合、過去または現在の同棲期間が5年以上の人は、それぞれ28・4%と36・9%だった。同性婚の制度化への要求は、同姓同本結婚と同じく、すでに存在する関係を社会が認めるべきかどうかについての問題である。私たちの社会は何を恐れているのだろうか。変化に対する不安を乗り越えて、さらに平等な社会を実現するための力は、どうすれば養えるのだろうか。

変化のシナリオ

ソクラテスの名言として誤って知られる「悪法もまた法なり」という言葉は、憲法裁判所による削除要請の結果、韓国の教科書から姿を消した。２００４年当時、憲法裁判所は、教育人的資源部に提出した意見書で、「今日の憲法体系の下において、遵法とは正当な法と正当な法執行を前提にしている」と明言した。よりによって憲法裁判所が、このような意見書をなぜ提出したのかは明らかだ。憲法裁判所の役割そのものが、まさに法律の正当性を審判することであるためだ。憲法裁判所が、いままで数多くの判断を通じて明らかにしたように、悪法は法ではないのだ。

不当な法があるとすれば、場合によっては法律を守らなくてもいいのだろうか。前述したデモのように、多くの場合、デモは通行の妨げになる結果をもたらし、ときには、こうした行動は「不法」行為と規定されることもある。全国障害者差別撤廃連帯の共同代表パク・キョンソク氏は、障害者の移動権の保障と障害等級制の廃止などを求めてデモを展開する過程で、申告をせずに集会をおこない交通を妨害したなどの理由で起訴され、裁判を受けたこともある。このように、法律に抵抗するために法律に違反することを、どう考えればよいだろうか。

法に反することは、理由のいかんを問わず、不道徳な行為だと考える人もいる。かれらは、市民ならだれもが、民主的な手続きを経て定められた法をかならず守らなければならない義務があると強調する。そのため、法制度に抵抗する人々に対して、市民としての品性に欠け、共同体に害をおよぼす行動だと批判を向ける。かれらはまた、マイノリティも、法という多数決の原則により決められた結果に従うべきだと考えている。「どうしても、そういうやり方でデモをしなくてはならないのか？」という問いかけは、このような民主的な手続きに対する絶対的な信頼から来ている。

しかし、民主的な手続きによって作られた法律も、ときには不当でありうる。不当な法律とは、非民主主義の国や地域にだけ存在するものではない。なぜこのように理不尽なことが起きるのだろうか。選挙や立法などの手続きは、たいてい多数決の原則をとるが、このような議決方式には根本的な限界がある。多数派の利害関係によって下された決定が、少数派に不利益を与え、基本的人権までも侵害する場合がありうるからだ。とくに、その少数派が政治的・社会的に排除され孤立しているとすれば、その危険はさらに大きくなる。

当然のことながら、多数派が下した決定によって、少数派に対する不正義が容認されるのは民主主義ではない。民主主義は、一人一票の原則にもとづいて、すべての人が同等な権限を持ち、平等に政治に参加し、影響力を発揮することを意味する。一方的で不平等なルールは民主主義の原理に反する。今日、憲法裁判所の重要な役割のひとつは、多数派によって作られた不当な法律を、憲法上の基本権と照合して判断し、究極的には廃棄することだ。

したがって、既存の法律に対して何の疑問も抱かず、無批判に服従する態度をとるのは民主主義社会の市民にふさわしくない姿勢である。無批判な服従は全体主義の特徴だ。ジョン・ロールズは著書『正義論』で、「社会が平等な人びとの間における協働の枠組みとして解釈されるならば、深刻な不正義によって苦しめられている人びとには服従する必要がない」と述べている。市民はたんに統治される存在ではなく、〔法の〕間違ったところを正しく手直しする存在であるべきだ。だから、次のロールズの言葉のように、必要な場合には「市民的不服従 civil disobedience」を実践するほうが、むしろ民主主義社会において正義を実現する道になる。

まさしく、市民的不服従（および良心的拒否）は——定義上は違法なものとされているけれども——憲法システムを安定的なものとするための装置のひとつにほかならない。自由で定期的な選挙や、憲法（それは必ずしも成文律とは限らない）を解釈する権限のある独立の司法などと並んで、然るべき自制と健全な判断をもって行使された市民的不服従は、正義にか

なった制度を維持し強化するのに役立つ。(『正義論』改訂版、504頁)

ロールズによると、市民的不服従とは「法や政府の政策を変えさせることを狙ってなされる行為であって、法に反する、公共的、非暴力的、良心的、かつ政治的行為」である。たんに法律に違反したからといって、すべてが市民的不服従になるわけではない。法律に違反する場合、人はたいてい、個人の利益のために、ひそかに行動する。一方、市民的不服従は、公開的に違法行為をおこなうことで、一般大衆に問題状況を知らせる。市民的不服従は一種の「話しかける」戦略なのだ。非常に切実なかたちで、一般大衆に向けて話しかけている。事案の緊急性と重要性が注目されず理解されないとき、通常のルートを通じてでは効果的に意見が伝わらないとき、市民的不服従がおこなわれる。合法的な手段ではまったく効果がなく、マジョリティがマイノリティの訴えるテーマに無関心で、問題に変化のきざしが見えないとき、不服従の方式で大衆とマスメディアの関心を集め、事案について知らせるのである。

歴史的に知られた市民的不服従は、このような、マジョリティ中心の社会でマイノリティが不平等に抵抗するための運動だった。マーティン・ルーサー・キングJr.が率いたことで有名な、アメリカのモンゴメリー・バス・ボイコット運動の場合、それは人種隔離政策に対する抵抗だった。キング牧師はこのボイコットで、バス会社の業務を妨害した罪で起訴された。自主的に警察へ出頭し逮捕された黒人もいた。この事件は全米と海外で報道された。ボイコット運動の参加者は有罪判決を受けたが、大事なのはその過程だった。それまで漠然と人種隔離政策が正当だと信じていた人々が、この法廷での攻防を通じて、人種隔離政策の実態を知ることになったからである。

結局、モンゴメリーにおけるバスの人種隔離政策は違憲判決が下され、ボイコット運動側の勝利になった。白人の多くは人種隔離政策の撤廃という変化を受け入れた。しかし、一部の白人たちは激しく反発した。「黒人の後ろに座るよりは、いっそ死んで地獄に行くほうがましだ」と、バスの後ろ側の座席に座るのを拒否した。バスから降りる10代の黒人に暴行を加え、バスに向かって発砲した事件もあった。

白人の立場から見れば、これらすべての「葛藤」は、黒人がおこなった違法なボイコット運動のせいで生じたことだと思われたかもしれない。黒人たちを、バス会社に「被害」を与えた犯罪者とみなし、このようなデモは認められないと考えることは十分ありうる。この章の前半で述べた障害者の地下鉄デモは、犯罪行為でもなく、たんに地下鉄の車両を乗り降りするだけの行為であったにもかかわらず、乗客は冷ややかな反応を見せた。デモに参加した障害者たちに向かって「あいつらのせいで数万人が被害を受けたのよ！」と非難し、さらには「だれが〔乗降機から落ちて〕死ねって言った？」「あなたに障害者になれって言った人いる？」などの暴言を吐いた。

まさに、このようなマジョリティの不寛容のせいで、マイノリティは他の効果的なコミュニケーションのチャンネルを持つことができず、市民的不服従に頼ることになるのではないだろうか。ロールズはこう述べる。「正統な市民的不服従が国内の平和を脅かしていると思われるような場合、責任は異議を申し立てている人々にあるというよりはむしろ、そのような敵対を正当化するような権威や権力の濫用を行っている人たちにあるのである」。マイノリティの「話しかけ」にマジョリティがどう答えるかによって、状況は大きく変わることになる。私たちはデモを批判することもできるが、かれらの話に耳をかたむけ、デモに参加して、一緒に変化を求めることもできる。あなたなら、どのように答えるだろうか。

世界はまだ十分に正義に満ちあふれているわけではない

メルビン・ラーナー（1977）は、人々が「公正世界仮説 just-world hypothesis」を抱いて生きていると述べる。世の中は公正で、人はだれでも努力した分だけ報われると信じるのだ。そう信じる理由は、そう信じなければならないからだ。世の中が公正だと信じているからこそ、長期目標を設定し、これからの人生を計画することができる。平穏な日常を維持するためにも、公正世界に対する信頼は必要である。

問題は、人が不正義な状況を見ても、この仮説を修正しようとしないときに生じる。つねに世の中が公正であるという考え方を改めるかわりに、状況を歪曲して、「被害者を批判」する方向にものごとを理解しようとするのだ。世の中が間違っているのではなく、不幸な状況に置かれた被害者のほうが、もともと悪い特性を持ち、間違った行動をしたために、そのようなことを経験するのだと考えてしまう。私たちが暮らしているのは公正な世界だという思い込みのせいで、かえって公正世界の実現が難しくなるという矛盾がここに生じているのだ。

そのため、世の中が公正だと信じる、あるいはそう信じたがる人には、世の中は不正義だと訴える人の声は聞こえない。そのかわりに、不正義を叫ぶ人に批判が集中する。人々は、その人に何か問題があるからだと考えてしまう。このような状況はかなり頻繁に起こっている。私たちは、いじめやハラスメント、性暴力、ドメスティック・バイオレンス（DV）など、数多く発生しているさまざまな事件においても、まず被害者に何か問題があったからではないかと疑ってしまっている。差別の問題でも同様の傾向が見られるだろう。不当な差別そのものに注目するより、不当な差別の問題について叫ぶマイノリティの欠点を探しだして批判する。このようにして差別は延々と続き、世の中はまったく変わらないのである。

自分がすでにマイノリティである人、あるいは社会正義のために働いていると思う人も、同じ勘違いをして、差別をより強固なものにする場合がある。2016年6月に起きたある事件について語り、読者と悩みを共有することで、この章を締めくくりたい。世界の社会福祉研究者と福祉現場で活躍する実践家が集まった、世界社会福祉大会という大規模なシンポジウムで起きたことだ。

ソウルCOEXコンベンションセンターで開かれたこのシンポジウムでは、その規模にふさわしく、政府の保健福祉部長官が開幕式に出席して祝辞を述べた。ところが、祝辞の途中、障害者の活動家十数人が、保健福祉部長官に向かって「障害等級制度を廃止せよ！」と叫びながらゲリラデモをおこなった。車いすに乗った活動家たちが、祝辞を述べている長官に向かって壇上に上がろうとすると、ボディガードたちが、かれらの手足を持ち上げて車いすから引きはがし、会場から追い出した。

皮肉にも、このシンポジウムのテーマは「人間の尊厳と価値の増進」だった。そして会場は、社会的弱者を擁護し、社会正義のために活動する（少なくともそうであると期待される）社会福祉の専門家で埋めつくされていた。それにもかかわらず、障害者の活動家たちを強制的に追い出したうえで、シンポジウムの祝辞は続いた。その場で状況を見ていた人々は何を考えたのだろうか。会場のゲリラデモを見た瞬間、人々の批判はどこに向けられたのか。デモをおこなった人々の訴えを聞こうとしたのだろうか。なかには、かれらはやり方を間違えていると思い、心の中で「ああいうやり方は効果的ではない」と上から目線でアドバイスをした人もいただろう。

このシンポジウムで重要な変化をもたらしたのは、海外からやってきた社会福祉士たちだった。車いすに乗った障害者たちが容赦なく追い出される姿を見て、海外の社会福祉士たちは、いったいどういうことなのかと質問した。活動家たちは、障害等級制度と扶養義務制度の問題点を指摘し、それらの制度の廃止を求め、光化門《クァンファムン》広場で1408日間（2016年6月時点）におよぶ座り込みを続けている状況を説明した。それを聞いたノルウェーの社会福祉士キャサリン・ヴァンウォーマー氏は、「かれらに何分でも話す時間を与えるべきだった」と主催者側を批判した。

結局、世界社会福祉大会の議長は、デモ隊を強制的に鎮圧しようとしたことに対して公式に謝罪した。障害者の活動家たちには、閉幕式で10分間、公式的に発言する機会を与えられた。「障害等級・扶養義務制度停止のための共同行動」代表のパク・キョンソク氏は、閉幕式の演説で「われわれは人間の尊厳と価値を守るために行動しなければならない。社会福祉士たちが積極的に行動して、この社会に変化をつくりだしてほしい」と要請した。

だれにでも表現の自由があると言われる。しかし、実際にマジョリティとマイノリティの自由は同じではない。ジョン・スチュアート・ミルが『自由論』で指摘したように、マジョリティはマイノリティの意見を思いきり攻撃することができる。一方、マイノリティは「穏やかな言葉を慎重に選んで、不要な攻撃を受けないように用心」するよう求められる。しかしマジョリティは、マイノリティの話に耳をかたむけないまま、かれらに丁寧に話すことを要求する。表現の自由があるように見えているが、実のところは沈黙の強要である。だれかが言った通り、正義とは、真に批判する相手がだれなのかを知ることである。だれが、または何が変わるべきなのかを正確に知る必要があるということだ。世界はまだ十分に正義に満ちあふれているわけではなく、社会の不正義を訴える人々の話は、依然として有効である。

＊1　キャンドル革命……2016年から17年にかけて起きた朴槿恵大統領の退陣を要求するデモ。韓国全土に展開し、それまで社会運動に関心のなかった層や有名俳優も参加した。
＊2……日本政府外務省による仮訳文を参照した。
＊3　人民革命党事件……1960年代から70年代にかけ、朴正熙政権下で発生した政治弾圧事件。韓国中央情報部（KCIA）により共産主義傾向と認定された個人が反共法および国家保安法により訴追、被告8名が死刑になった。2005年になり、同事件がKCIAによる捏造であったことを盧武鉉政権が発表。再審の結果、被告8名全員の無罪が認定された。
＊4　維新体制時代……1962年に軍事クーデターによって権力を握った朴正熙大統領による軍事独裁体制をさす。夜間外出禁止令などで国民生活を制限し、恐怖による統治体制を敷いた。

9章　みんなのための平等

みんなのトイレ

NASAのアポロ計画（*1）に参加した黒人女性たちを描いた映画『ドリーム』（アメリカ、2016年）には、主人公のキャサリン・ジョンソン（タラジ・P・ヘンソン）が雨の中、トイレのある建物までダッシュする場面がある。有色人種専用のトイレに行くためには、勤務している建物の外に出て、別の建物まで800メートルをわざわざ行かなければならなかった。1960年代初頭、当時のアメリカでは、女性用と男性用トイレを区分することに加えて、白人用と有色人種用のトイレを分離していたので、少なくとも四つのトイレが必要だった。映画の主人公が働く建物には四つのトイレすべてが設置されていなかったため、キャサリンは自分が使用できるトイレに行くために、別の建物まで走らなければならなかったのだ。

トイレは、社会の平等達成の水準を示す立派な尺度である。あらゆる個人的特徴や財産の有無、地位を問わず、たんに人間という生き物である以上、すべての人にかならず必要な空間であるからだ。トイレはすべての人が少なくとも一日に数回は行かなければならないところなので、その空間がどのように設計され、どう区別されているかを見れば、その社会が人々をどのように区分し、だれが主流でだれが排除されているのかが一目でわかる。1990年代のはじめ、私が大学生だったころを思い出してみると、学科の建物では女子トイレが一階おきに設置されていた。一方、男子トイレは各階に設置されていた。幸い、キャサリンのように別の建物まで走って行くほどではなかったが、階段を上り下りするたびに文句を言ったことは、いまでも鮮明に覚えている。当時は、学科に女子が少ないから仕方ないことだと思っていたが、いまになって振り返ると、女子学生が少なく女子トイレが少なかったこと自体が、その空間の平等の水準を示すものでもあった。

それでは、みんなが平等な社会のトイレとはどんなものなのだろうか。まず、実際にトイレを利用できるようにするためには、いくつかの条件が必要である。トイレが十分に近く、出入りしやすく、トイレの中で用を足して手を洗うことが可能で、この過程で羞恥心や不安、危険を感じることなく、安全かつ快適でなければならない。このような条件を満たし、すべての人がトイレを利用できるようにするためには、私たちには何種類のトイレが必要になるだろうか。

今日、私たちに身近な公衆トイレは男性用と女性用を区分している。トイレが性別によって分けられた歴史は相当昔にまでさかのぼるといわれ、その理由が何だったかについては諸説があり、さまざまな議論がおこなわれている。研究者によっては、18世紀にフランスのパリで、上流階級が自分たちの品格を示すためにはじめて設置したとする説もあり、19世紀後半の産業革命期に職場に出た女性を、伝統的な性別役割観によって男性と空間的に分離したという説もある。また、セクハラや性暴力から女性を保護するための初期の法的措置として男女トイレが分離されたとみる説もある。

男女のトイレの次に、障害者のためのトイレが設置されはじめた。従来型のトイレは車いすや体の不自由な人には適していなかった。そのため、車いすが入れるように空間を広くし、便座から立ち上がる際に体を支える手すりを設置した。車いすに座ったまま利用できるよう、洗面台や鏡の高さも調整した。開き戸のかわりに自動ドアを設置して、車いすが出入りしやすいようにした。障害者用トイレは、高齢者や幼児、妊婦のための空間としても使われるよう設置された。

ところが、導入初期に、多くの建物や施設で、障害者用トイレを男女共用でひとつだけ設置したことで問題が発生した。男女共用では利用者が不便や不安を感じることが多かったので、「障害者を社会的に無性の存在として認識している」と指摘があり、性別を区分した障害者用トイレの設置が求められるようになった。通常の女性用トイレと男性用トイレのほかに、女性障害者用トイレと男性障害者用トイレが設置された。性別と障害の条件に合わせるために、トイレは最低でも四つ必要になった。

しかし、問題はここで終わらない。男女で分離されたトイレを事実上、利用できない人がいるからである。たとえば、トランスジェンダー女性の場合、女性トイレでは男性だと思われ、女性利用者に怖がられて拒否される。一方、男子トイレでは、女性に近い外見のため、加害されるのではないかと本人が恐れることになる。トランスジェンダーやインターセックス(*2)、性別の典型像から遠い外見の人々には、性別の二元性にもとづいて作られたトイレは安全で快適と感じられない。

それでは、これからのトイレはどのように設計されるべきなのだろうか。すべてのトイレが男女に分離された状況は、日常生活の中でトランスジェンダーの人を苦しめている。そのため、性別区分のないトイレが必要になるのだろう。しかし近年、女性たちは男女分離型のトイレをより強く要求している。2016年に江南駅付近の建物にあった男女共用トイレで女性をねらった殺人事件が発生したことに加え、公衆トイレにカメラを設置して女性を盗撮するような事件も相次いでいて、公衆トイレに対する不安が高まっているからだ。食い違っているように見える論争のなかで、みんなにとって平等なトイレを設けることは果たして可能なのだろうか。

多様性をふくむ普遍性

人はだれもがトイレに行く。すべての人が平等なら、だれもが行くトイレを、真にだれでも行けるようにしなければならない。ところが、このきわめてシンプルな人間の「普遍性」は、実際に人々の「多様性」に出会うと一瞬で複雑になる。このとき私たちは「どうせ全員を満足させることは不可能だ」と結論づけることしかできないのだろうか。差別の存在を否定はしないが、完全な解決はどうせ不可能だと断念して現実を受け入れるべきなのか。平等はいったいどうすれば実現できるのだろうか。

トイレ論争の発端は、普遍的な人間をカテゴリ分けする社会的な相互作用にある。一部の人は、カテゴリをなくさなければならないと主張する。映画『ドリーム』でのトイレに付与されていた人種のカテゴリは消えるべき区別だった。白人用と有色人種用のトイレの分離は、白人が黒人を意図的に排除する、明らかな差別だった。より根本的には、人を人種で区別できるという観念そのものに問題があった。

人種主義 racism とは、人間は生物学的にさまざまな人種に区分されていて、異なる人種間には身体的、知的、道徳的な優劣の差があるという信念、あるいはそのような行動を示す言葉である。しかし、20世紀に入って、人種を決定する生物学的要素はなく、人種とは社会が恣意的に発明した社会的構築の産物に過ぎないことが明らかになった。当然、人種によって決まる身体および性格の特徴や道徳的人格などは存在せず、人種間の優劣の差もない。

性別はどうだろうか。女性と男性のあいだには身体的な差はあるが、女性か男性かという二分法的思考では、すべての人を説明することができない。性染色体、性ホルモン、性器などの特徴から、男性・女性どちらの性別にもカテゴリ分けされない、インターセックスの人がいる。また、出生時に身体的特徴から規定された性別と、主観的に認識する性別（ジェンダー・アイデンティティ）が一致しない、トランスジェンダーの人もいる。かれらは二分法的な性別カテゴリの中で、どこにも完全には属せない。

人種のように、そもそも区分自体をなくすべきものがあるという認識に同意し、二分法的な性別カテゴリも不完全だということを認めるのなら、最初から何も区分しないのはどうだろうか。差別が人をカテゴリ分けする行為からはじまるとすれば、その解決策として、すべての区分をなくすという代案を想像してみることができる。そのように、最初からすべてのカテゴリ分けをなくす方法で、平等は実現されるだろうか。人間は普遍的でありながら多様性を持つ。果たして、これら二つの属性は融合できるのだろうか。

普遍性と多様性のあいだの緊張関係は、平等をめぐる数多くの争点の奥深くに位置している。

代表的な例として、韓国政府が実施しているブラインド（目隠し）採用は、特定の区分を意図的に隠す方法で普遍性を追求する。2017年の「公共機関ブラインド採用ガイドライン」で説明するように、エントリーシートの項目や面接などの採用プロセスにおいて、出身地、家族関係、学歴、外見などを明らかにしないようにしている。こうした情報のせいで〔評価者に〕「偏見を与え、不合理な差別をもたらす」結果を防ぐためのものである。

ブラインド採用で出身地や家族関係、学歴、外見などの情報を隠すことは、そのような区分によって人を評価することは正当ではないという発想からはじまった（*3）。実際に採用と関連するべき妥当な基準は「実力」でなければならず、そのためには、評価者の偏見に満ちた目を、文字通り見えないようにふさぐことである。「等しいものを等しく」あつかうという形式的平等は、すべての人に同じ基準を同等に適用することで、世の中が平等になることを期待する。

この方法は、平等の実現に対してどれほど効果があるだろうか。仮に、実力が優れているにもかかわらず、地方出身だという理由でたびたび採用を断られた人がいるとしよう。彼にとってブラインド採用は、非常に重要な平等実現の方法である。しかし、実際にこの方法で地方出身者の採用率はどのくらい高くなるのだろうか。ほんとうに地方出身ではない人と同じ採用率になるのか。もちろん例外的な場合もあるだろうが、多くの場合、現実的には難しい。なぜなら、平等実現の先行条件である同等な「実力」を備えるところから、地方出身であるという理由によって、困難に直面することになるからだ。

そのため、実質的平等の重要性が強調される。ブラインド採用は、評価者による偏りを減らすためのよい方法ではあるが、個人の偏見をなくしたからといって差別が解消されるわけではないという事実は否定できない。実質的に平等を実現しようとすると、すべての人を同等にあつかうだけでは不十分である。不平等の継承を断ち切るための再分配政策も必要となるし、マイノリティに対する偏見やスティグマとも闘わなければならず、個人の多様性を考慮した制度を作るなど、他の措置を講ずる必要がある。

ふたたびトイレの争点に戻ってみよう。たとえば、トイレの看板を、だれでも使えるように「みんなのトイレ」に変えたらどうだろうか。男か女かの二分法で困っていた人々のトイレ利用〔の困難〕は少し改善されるだろうが、依然として問題は残る。看板を変えたからといって、障害者のアクセス権が自動的に向上するわけではないからだ。男性用の小便器が設置された既存の施設をみんなが一緒に利用すれば、相対的に女性用トイレの数が不足することになるし、性犯罪に対する女性の不安も解決されない。

それゆえ、普遍性と多様性の両方を満たすための代案を考える必要がある。多様性のない普遍性は虚像であり、たんなるごまかしに過ぎない。したがって、看板だけを変えた「みんなのトイレ」には限界がある。みんなにとって実質的に安全で安心できるトイレを作るためには、トイレを利用するさまざまな人を考慮しなければならない。そのようなトイレを新たに設計する必要があり、そのためには研究が必要だ。すべての多様性を「包含」する普遍性を見出さなければならない。

世界では、すでに実験がはじまっている。ヨーロッパやアメリカなどでは「オールジェンダー・レストルーム」、つまりすべてのジェンダーのためのトイレを設けて使用している。トランスジェンダーほかジェンダー規範に合致しない外見の人々、保護者と被保護者が異なる性別である場合など、多様な条件下での可能性を考慮し、だれもがトイレにアクセスできるようにした。たんに看板だけを変えたのではなかった。新しい設計が登場した。トイレの個室を、上下にすきまがある仕切りで区分するかわりに、すきまのない完全な個室として設計し、プライバシーを保護できるように配慮した。また、洗面台をトイレの中に設置し、個別に使用できるようにした。

2017年、私がデンマークのコペンハーゲンに行ったとき、すでにコペンハーゲン大学をはじめ多数の公共施設で「オールジェンダー・トイレ」が日常化していた。このような変化は韓国でも実現可能だろうか？　女性、トランスジェンダー、障害者、高齢者、子どもなど、だれもが安全で快適にトイレを利用できる権利を保障するためのアイデアを出しあい、実行してほしいと願う。

トイレをめぐる差別の問題は、たんに施設の問題だけではない。「トイレに行く時間がない」という声は、販売職の人、運転手、医療従事者、コールセンターのオペレーター、配達員など、あらゆる労働現場から聞かれる。「みんなのトイレ」は、観念の中の平等を現実のものにする、非常に具体的な人権プロジェクトである。「多様性をふくむ普遍性」をつくるための、このクリエイティブなプロジェクトに向けて、私たちは力を合わせて討論および研究をおこなっていく必要がある。

差異を認めること

少し前まで、私たちにとって「平等」とは分配をさす意味として知られていた。「不平等」とはおもに経済的不平等を意味し、学者たちは、社会がともに創出した富や資源を構成員に再分配するための理論や制度の発展に関心をもっていた。少なくとも、だれもが生計を保障され、基本的な教育と医療サービスを提供され、人間らしく暮らせるような社会保障制度を構築し発展させようとしてきた。

ところが、経済的不平等は、特定の集団を劣等な存在と位置づける文化的規範に起因するものでもあった。「承認の政治 politics of recognition」は、このような不承認と蔑視に、集団的に対抗する平等主義の運動として登場した。「私の存在を認めよ」と叫び、社会的偏見と侮辱に抵抗し、人間としての尊厳を守り、同等な待遇や尊重を求めた。社会的資源の平等を主張し、物質的分配の要求とともに、抽象的な社会的関係と文化の変革を求める時代になった。

ナンシー・フレイザー（2000）（＊4）は、「経済的不公正と文化的不公正は複雑に絡みあっているので、片方がもう片方を弁証法的に補強しあっている」と述べる。社会的に放棄された人は、経済的な機会をつかむことができず、その結果ふたたび放棄・排除される。フレイザーは、このような悪循環について次のように説明する。

たとえば、なんらかのものに対して不公正な偏見を持つ文化的規範は、国家や経済の中に制度化されており、同時に、経済的不利益は公的領域や日常でおこなわれる文化づくりに同等に参加することを制限する。その結果、文化的にも経済的にも従属することになる悪循環が起こる。

皮肉なことに、韓国では差別禁止法制定の試みによって、セクシュアル・マイノリティを認めない社会の偏見がむきだしになり、セクシュアル・マイノリティは、それに対する抗議活動として、承認の政治あるいはアイデンティティ政治に乗り出すことになった。セクシュアル・

マイノリティが経験する雇用差別、医療へのアクセス権、社会保障の権利など、具体的な機会と資源をめぐる事案は山積みだが、すべての議論の最前線には、セクシュアル・マイノリティを「ありのまま」の同等な人間として認めてほしいとの要求があった。社会による承認こそが、何よりも大事な最初の一歩だからだ。

承認とは、たんに人であるという普遍性についての認定ではなく、人が多様性をもつ存在であること、すなわち、差異を受け入れることをふくむ。集団間の違いを無視する「中立」的なアプローチは、一部の集団に対する排除を持続させる。「中立」と見せかけている立場は、実は主流の集団を「正常」と想定し、他の集団を「逸脱」と規定して抑圧する、偏った基準であるからだ。アイリス・マリオン・ヤング（1990）が述べる「差異の政治 politics of difference」は、このように「中立性」で隠蔽された排除と抑圧のメカニズムに挑むために「差異」を強調する。

平等の実現のために差異を強調するとは、一見矛盾した主張に見えるかもしれない。人が「同等」であるという平等を語るために「差異」を考えることは、形式的平等の観点からは理解できないことである。「女性を差別するな」と言いながら男女の差異を語り、女性を保護する政策を打ち出すことは、矛盾しているように見える。セクシュアル・マイノリティや海外からの移住者など、特定の集団が権利を主張すれば、平等の要求ではなく優遇の要求だと考える。もしも、すべての区分が恣意的で偏見によるものなら、それら区分をなくすことが正しいアプローチではないかと問われるかもしれない。「黒人も白人も変わらない」という主張なら受け入れられるが、「ブラック・ライブズ・マター（黒人の命はたいせつだ）」というスローガンは、人種隔離を強化する排他的な主張のように感じる。この運動を批判するスローガンが「オール・ライブズ・マター（すべての人の命がたいせつだ）」だったという事実は、ときに「普遍性」が差別を隠蔽する抑圧のメカニズムとして利用されることを端的に示している。「オール・ライブズ・マター」は、実際には、黒人が経験する差別が表面化しないよう抑えつける効果があるからだ。

マイノリティが差異を強調するのは、そうすることで抑圧された状態から解放され、可視化された政治的主体として声をあげ、実質的平等を勝ち取ろうとするからである。それにもかかわらず、差異を強調するアプローチは、分離された既存の体制とスティグマを、深化あるいは維持させるリスクが内在している。たとえば、障害者のための政策は、障害者にとって不利な社会構造を補完する機会や資源を提供するが、それと同時に、障害者は社会の保護を受ける劣等な人たちだというように、集団そのものがスティグマ化されるおそれもある。集団間の差異を強調するほど、差別が根づくことが懸念される「差異のジレンマ」をどう解決すべきか？

アイリス・ヤングは「差異」という言葉の用例に注目する。「異なる」という言葉は、すべての人に対して公平に使われるのではない。排除・抑圧された人々だけが「異なる」と言われ、主流の人々は「中立的」な存在と考えられる。「中立」の人々には無限の可能性が広がっているが、「異なる」人々には、いくつかの限られた可能性だけがある。結局、「異なる」という言葉は「たがいに異なる」という相対的な意味ではなく、絶対的に固定された特定の集団を意味する。そのために「差異」がスティグマと抑圧のメカニズムとして作動するのである。

これはまるで、韓国社会で「多文化」という言葉が、万人の多様な文化を意味するのではなく、文化的マイノリティだけをさす用語として使われていることを想起させる（6章参照）。ここでの差異とは、主流集団である「韓国人」を基準にして、異なる集団を他者化することであり、事実上「普通」から外れていることを意味する。多様性を強調する言葉としてしばしば使われる「違いは間違いではない」という、ありふれたスローガンも、「違い」が主流集団の基準から「逸脱」した何かをさしているのであれば、それ自体が「間違い」を前提とする形容矛盾になる。

アイリス・ヤングは、抑圧的な意味を持つ「差異」という言葉を再定義する必要があると述べる。「主流集団を普遍的なものとみなし、非主流だけを『異なる』と表現するのではなく、違いを関係的に理解し相対化すること」である。女性が違うように、男性も違うことができ、障害者が違うように、非障害者も違うと見る、相対的な観点だ。したがって、差異とは本質的に固定されたものではなく、文脈によって流動的なものである。車いすに乗っている人が「つねに」異なるわけではなく、運動競技のような特定の文脈では差異があっても、他の脈絡では差異がなくなるようなものだ。

長いあいだ続けられてきたこのような議論は、結局は、あまりにも当然な結論につながる。しかし、むしろ当たり前すぎて結論づけることが難しいのである。私たちはみな同じであり、またみな異なる。私たちを本質的に分ける差異はないという点で、私たちは人間としての普遍性を共有するが、世の中に差別が存在するかぎり、差異は実在するため、私たちはその差異についてて話しあいつづけなければならない。

平等な社会の市民になるということ

差別に関する社会的な関心が高まり、特定集団に向けられた差別的な言動を批判する声もあがるなか、「ポリティカル・コレクトネス」（政治的正しさ）を求めることへの負担を訴える主張も出はじめている。ある芸能人は、ポリティカル・コレクトネスを求める人々の「過敏に反応しすぎな」姿勢を皮肉る動画を作り、炎上を起こした。アメリカでは、ポリティカル・コレクトネスのせいで一種の自己検閲が働き、学術的な議論を妨げるという主張も提起された。ヘイトスピーチに対する規制が、表現の自由を過度に制約するという主張とも通じている。

これらは、たんにいくつかの言葉や行動がなくなるだけでは、根深い差別の問題が完全に解決されることはないという見通しを示す現象でもある。本書で議論してきたように、差別が構造化された社会のもとでは、個人がおこなう差別も慣習的かつ無意識的におこなわれる場合が多い。そのため、発言や行動をする立場からは、どのような言葉や行動が差別になるのか、前もって認識することができない。このような認識のずれがあるにもかかわらず、つねに正しい言葉や行動をとらなければならないということは当然、当人にはプレッシャーになるだろう。

この先は、このような心理的負担をどう解決するかによって状況が大きく変わる。プレッシャーを与えた人を責めるか、そのプレッシャーを自分の責任として受け入れるかを選択しなければならない。ポリティカル・コレクトネスに反発する人々は、差別に関する議論が「行き過ぎ」で不当だと感じる。そのため、平等という名のもとに変わっていく現実に居心地の悪さを覚える。だが、平等の実現のために耐えなければならない変化は、ほんとうに、現在の不平等よりもプレッシャーになり、居心地が悪いことなのだろうか。質問を変えてみよう。現在の不平等な社会は、私たちにとって快適なのだろうか?

不平等な社会での人生は、人の地位によって大きく変わる。このような社会では、社会的地位の流動性によって個人の満足度が変わる。たとえ不平等が存在するとしても、高い地位にのし上がる「機会」があれば人々は安心する。しかし、そこまで上がるために、生涯にわたって努力を重ねる過程で、どれだけ苦労をするかは言うまでもない。よく、「悔しかったら出世して見返してやれば？」と言うように、劣等な立場ゆえに強いられる侮辱や蔑視を避けようとして、人は他人から認められるための社会的成功を少しでも達成しようとする。

これが不平等な社会が与える人生の苦しさだ。どこまで上がれば高い地位として、だれからも認められ満足できるのかもわからない。結局、一定の地位まで上がった人は、他の人から認められ、それが他人を軽んじてもいいと思う理由になり、きわめて不幸な結果をもたらすことになる。学識豊かで経験豊富なリーダー像、つまり社会の変化を導く責任のある人々こそが、平等な社会をつくるうえで、もっとも大きな抵抗勢力としてあらわれるからである。

さらに、社会的流動性を妨げる諸条件、たとえば性別、人種、民族、障害の有無、性的指向、ジェンダー・アイデンティティなどのような特徴は、基本的に不平等を固着化する要素となる。これを挽回するため、マイノリティは他の能力をさらに強化するよう求められる。女性だから、海外からの移住者だから、障害者だから、セクシュアル・マイノリティだから、人一倍がんばることを要求される。そして、個人が不屈の努力で自分の不利を「克服」した経験を、成功神話として社会は称賛する。

不平等な社会が息苦しい理由は、構造的な問題を、個人の努力で解決するよう不当に誘いかけているからだ。不平等という社会的不正義に対する責任を、差別を受ける個人に負わせる。そのため個人の人生は不安になる。病気になったり、失敗したり、いかなる理由であれ、マイノリティの位置に置かれないよう、たえず注意を払わなければならない。思いがけずマイノリティの位置に置かれたときには、事実を否定し、苦しみを耐え忍ぶために多くの時間を費やさねばならない。

社会がひとつの基準を決め、個人をその基準に合わせる同化政策の傾向は、根本的に自由を奪う。ジョン・スチュアート・ミルは1859年に発表した『自由論』で、こう警告している。

> 論争当事者が行なえるこうした類いの攻撃のうちで最悪なのは、反対意見の持ち主に、邪悪で不道徳な人物という汚名を着せることである。この種の中傷を特に浴びせられるのは、不人気な意見の持ち主である。なぜなら、彼らはたいていは、少数者で影響力がなく、彼らが正当に扱われることについては、彼ら自身を除いて誰も関心を持たないからである。
> （『自由論』122―123頁）

ミルが憂慮したように、私たちの生活はすでに、かなり画一的に固定されている。だから私たちは選択しなければならない。不平等な世の中を維持するために苦労を続けるのか。それとも、平等な世界をつくるための不便や不都合な状況を我慢するのか。この選択は、たんに個人の手間や不都合に関するものではなく、どのような社会をつくるかをめぐる、共同の価値や志向に関するものだ。私たちは真に平等な社会をつくろうとしているのかという、共同の志向が問われているのだ。

差別をめぐる緊張には、「自分が差別する側でなければいいな」という強い欲望、ないしは希望が介在している。ほんとうに決断しなければならないのは、それにもかかわらず、世の中に存在する不平等と差別を直視する勇気を持っているかという問題である。差別に敏感にも鈍感にもなりうる自分の位置を自覚し、慣れ親しんだ発言や行動、制度がときに差別になるかもしれないという認識をもって世の中を眺めることができるだろうか。自分の目には見えなかった差別をだれかに指摘されたとき、防御のために否定するのではなく、謙虚な姿勢で相手の話に耳をかたむけ、自己を省みることができるだろうか。

差別や抑圧が、日常の中の無意識的で偶発的な習慣、冗談、感情、用語の使用、固定観念などによって成り立つ場合が多いことを考えると、アイリス・ヤングの言葉通り、やたらに人々を批判することは難しい。「それにもかかわらず」とヤングは、「無意識的で、意図していなかったことでも、抑圧に寄与する行動、態度に対して、人々と制度は責任を負わなければならない」と言っている。ここでの「責任」とは、自分が「無意識的におこなった行動を省察し、習慣と態度を変えなければならない」責任をさす。

だから、無知のためにしてしまった差別について「そんなつもりはなかった」「知らなかった」「あなたが敏感すぎるだけ」と言いわけするよりは、きちんと理解する努力をすべきだったのに考えがおよばなかったことを、省察するきっかけにすることを提案する。私たちはそれぞれ違う位置に立っているので、おたがいに差別の経験を語りあい、傾聴を実践することで、いままで隠蔽され、あるいは慣れすぎていて見えなかった不平等を知覚して、一緒に闘うことができる。私たちが生涯にわたって努力し磨かなければならない内容を、「差別されないための努力」から「差別しないための努力」に変えるのだ。これらすべての変化は、市民の自発的な努力によって、一種の文化的な革命としておこなうこともできる。平等な社会をつくる責任のある市民として生きる方法を、市民運動に学ぶのだ。しかし同時に、平等の価値を共同体の原則として明らかにし、新しい秩序を社会の随所に根づかせるための法律や制度も必要だ。日常における省察とともに、平等を実現するための法律や制度に関する議論が必要なのだ。

これらすべては、平等という原則を基準に、新しい秩序をつくることだ。人類は、共同体の運営ルールをつくり、執行しつづけることで、個人の自由と尊厳を保障する制度を構築してきた。私たちが、ともに生きる市民の尊厳と平等を害する暴力を断固拒否するように、差別に対しても徹底して抵抗するためのルールをつくり、そのルールに従うことを約束し、その約束を守らなければならない。

この平等に向けた運動に参加できるのはだれだろうか。全員の賛同を期待することはできないだろう。歴史上、何の抵抗もなく達成された平等はなかったからだ。しかし同時に、一部の人々は、自分の立場や地位に関係なく、正義の側に立ち、マイノリティと連帯した。結局は、私たちだれもがマイノリティであり、「私たちはつながるほどに強くなる」という精神が世の中を変化させてきた。あなたがいる場所で、あなたはどんな選択をしたいだろうか。

＊1　正しくはマーキュリー計画。

＊2　インターセックス……DSD（身体的性別の多様な発達）ともいう。北米インターセックス協会の定義では、男性または女性の典型的な定義にあてはまらない生殖・性的構造を持って生まれた人のこと。外見は女性だが典型的な男性の生体構造を持つ人や、生殖器が男女両方の特徴を持つ人、XX染色体とXY染色体が共存する遺伝的モザイクを持って生まれた人など、さまざまなケースがある。国連の資料では、世界人口の0・05〜1・7％がインターセックスの特徴を持つというデータがある。

＊3……ブラインド採用が実験的に試みられたのは1970年代のアメリカ・スタンフォード大学のクレイマン・ジェンダー研究所による。

＊4　ナンシー・フレイザー（1947―　）……アメリカの政治理論家、社会主義フェミニスト。ニュースクール・フォー・ソーシャルリサーチ（NSSR）教授。正義と社会的差異の性質に焦点を当てた政治理論、フェミニスト社会理論、および公共政策の規範的分析で知られる。

10章 差別禁止法について

差別禁止法という解法

この本を執筆している現時点（2019年）で、差別禁止法は未完の法だ。差別禁止法という名称のはじまりは2007年だった。韓国政府法務部が制定を試みた差別禁止法案は、全35条で構成されており内容は簡単だった。差別をしてはならないという原則を定め、差別に関する国家政策計画を策定し、差別の類型を分野別に具体化し、差別を受けた被害者が訴訟を起こして差別を是正したり、損害賠償を受けたりできるようにする内容を盛り込んでいた。しかし、この法案をふくめ、その後数回にわたって制定が試みられた類似の差別禁止法案のいずれも、制定されることはなかった。差別禁止法制定のための運動は依然として進行中である。

では、差別禁止法はまだ制定されていないから、差別をしてもかまわないのだろうか。当然、そんなことはない。すでに憲法第11条で差別は禁じられている。韓国が当事国として加入し、遵守する義務がある国際人権規約でも差別を禁じている。平等は、すべての人間に与えられた基本的な権利であり、民主主義社会を動かす原則である。そして、だれも差別を受けてはならないという要求は、現代社会の根本的な規範である。

また、韓国には国家人権委員会法がある。差別の被害を受けた人は、国家人権委員会に陳情することができる。国家人権委員会は事件の陳情を受理して調査し、差別があったかどうかを判断する。そして、その決定に従って、差別をした人や機関に是正勧告を出す。差別をした人や機関は、国家人権委員会の勧告を尊重し、履行するための努力をしなければならない。国家人権委員会は、差別の被害を受けた人を救済する重要な国家機関である。

すでに憲法で差別を禁止しており、国家人権委員会が差別を受けた人の救済を担当しているのに、いったいなぜ差別禁止法が必要なのか。ここでまず言っておきたいのは、はじめて差別禁止法の発議がなされてから10年あまりが経ったいま、差別禁止法の制定それ自体が、韓国社会の差別撤廃への意志を示す象徴になったということだ。しかし、差別禁止法の象徴性について論議する前に、まず法的な意味を考えてみよう。

憲法上の基本権が実現するためには、法令が必要である。たとえ憲法第31条において教育を受ける権利を保障していても、その権利が実際に保障されるためには、具体的な制度、機関、人的資源、手続き、予算などが必要になる。憲法第24条で選挙権を保障しているからといって、自動的に選挙権が保障されるわけではなく、憲法第33条で勤労の権利を保障すると宣言したからといって、すべての人が何となく勤労の権利を保障するように行動するわけではない。

憲法第11条の平等と差別禁止に関する権利も同様だ。第1項の「すべての国民は、法の下に平等である。何人《なんぴと》も性別・宗教又は社会的身分により、政治的・経済的・社会的・文化的生活のすべての領域において、差別を受けない」という規定だけで、すべての差別が自然に消えることはない。差別禁止法は、このような憲法と国際人権法の原則が実現されるように、だれが、何を、どうすべきかを法律で具体化する作業である。

差別を受けない権利を保障するために、差別禁止法の内容は大きく二つのアプローチに分けられる。ひとつは、国家がその権利を保障するための方法を研究するようにうながすことだ。中央政府や地方自治体、国家人権委員会などの国家機関が、差別を根絶するための政策を立て、法令や制度を改善する。

もうひとつは、差別をする人に責任を負わせるアプローチである。だれも差別を受けないためには、差別をする人がいてはならない。差別する者に対して差別行為を止めるように求めなければならないが、これを「是正措置」という。現行法では、国家人権委員会は「勧告」をすることしかできないため、委員会が「差別をしないでください」と言っても、行為者があれこれの理由を挙げて従わない場合には、どうすることもできない。一方、差別禁止法は、勧告ではなく是正を命令する措置をとることで、行為者の悪意による差別行為で損害が発生した場合、賠償の責任を負わせることまでをふくむ。それによって実質的な救済措置を保障するとともに、そのような措置を受ける前に、そもそも差別行為をしないよう努力する動機もつくりだす。

しかし、何が差別なのかを一から十まで法律で明示することはできない。差別とは、だれかを不合理な方法で優遇あるいは排除、区別したり、不利な待遇をする行為をさすが、本書でこれまで挙げてきたような事例を、いちいち法律で規定することは難しい。同じ行為でも、時と場合によって意味が異なるため、差別行為に当たるかについての判断は状況を考慮した文脈のなかで下されなければならない。問題は、だれがこの判断をするかということにある。差別禁止法の核心部分のひとつは、その判断の役割と責任を、国家人権委員会や裁判所のような独立機関に委任して、個人の利害関係ではなく、平等と差別禁止の原則にもとづいて決めさせるという点にある。

法律が私たちの日常のすべてを監視・監督することは難しくもあり、望ましいことでもない。そのため、教育や雇用、サービスや経済的な資本の利用のように、公式的な場で起こる差別がおもな規制対象になる。だれかが他の人や集団を故意に差別したり、差別を助長し煽動する行動をする場合は、これを規制する必要があるだろう。しかし、日常における微細な差別のまなざしや行動は、規制よりは体系的な教育を通じて変え、社会全般を検討して、構造的な差別を改善できるような制度の枠組みをつくらなければならない。

だれも差別を「受けない」社会をつくるための方法には何百種類もの解決策があるだろうが、差別禁止法はそのうちのひとつであり、私たちがおたがいに差別を「しない」ようにしようという、即効的な解決策である。この解決策には「自分も差別をしない」という決断がふくまれる。ところが、よく知られるように、自分はこの決断に賛同できないとして反対する人もいる。

差別撤廃という目的には同意するが、国が介入する問題なのかという疑問を抱く人々もいる。かれらは、国が介入するかわりに、自発的な文化の改善を通じて社会の変化をつくりだせると考える。これは、たしかに理想的で望ましく、法の制定とは無関係に、根本的な社会変化のために必要なアプローチではある。しかし、すでに差別が蔓延している社会で、法律で定められた規範なしに実質的な変化を期待することは難しい。

これまで差別禁止法の制定が挫折してきたほんとうの理由は、一部の勢力が差別撤廃という目的そのものを否定し、差別禁止法の制定に強く反発しているためだった。すなわち、差別を擁護する意見である。これまで、一部のキリスト教保守派が差別禁止法の制定に反対するおもな論拠として提示したのは、セクシュアル・マイノリティに対する差別は正当な差別だということだった。かれらは差別の正当性を主張するために、「同性愛は罪」「同性愛はエイズの原因」「血と汗を流して建てた国が同性愛のせいで滅ぶ」など、セクシュアル・マイノリティを社会の害悪とする内容のキャッチコピーを組織的かつ攻撃的に宣伝してきた。

差別禁止法の制定を阻止するために、差別を正当化し助長する戦略が使われたのだ。セクシュアル・マイノリティに対する社会的偏見と差別が強固であればあるほど、差別禁止法の制定はさらに反対を受けることになるので、差別禁止法を阻止する最善の手法は差別を助長することだという戦略は、かなり効果があったようだ。少なくとも2019年現在まで差別禁止法は制定されておらず、いまの政権と国会が差別禁止法を制定するかどうかも未知数のままである。

だれも取り残されないために

このように話す人もいる。

「セクシュアル・マイノリティに関する内容だけを除いて、差別禁止法を制定すればいいじゃないですか」

セクシュアル・マイノリティを差別する人々の激しい反対のせいで、差別禁止法の制定が遅々として進まない状況であるなら、他の差別だけでも解消されるように、「議論」になる部分は排除して制定を急ごうという意見だ。まさに、この「議論」を回避しようとする考えにより、2007年に法務部が発議した差別禁止法案では、「性的指向」をはじめ、病歴、出身国、言語、家族形態および家族構成、犯罪歴および保護処分の有無、学歴が、差別禁止の事由から除外された。

2007年に法務部が最初に作成した法案において、差別禁止の事由として記載されていた項目は、言語以外はすでに国家人権委員会法にあるものだった。残りの性的指向、病歴、出身国、家族形態および家族構成、犯罪歴および保護処分の有無、学歴は、当時施行されていた国家人権委員会法に明示されている差別禁止の事由だった。それにもかかわらず、法務部はこれらを除いて差別禁止法案を発議したのだった。現行規定でもある、国家人権委員会法第2条第3号でかかげる差別禁止の事由を見てみよう。

性別、宗教、障害、年齢、社会的身分、出身地域（出生地、登録基準地、成年になる前の主な居住地などを指す）、出身国、出身民族、外見などの身体条件、既婚・未婚・別居・離婚・死別・再婚・事実婚などの婚姻の有無、妊娠または出産、家族形態または家族構成、人種、肌の色、思想または政治的な意見、刑の効力が失効した前科、性的指向、学歴、病歴などここに列挙された差別禁止の事由は多いように見えるが、実は、健康状態、職業、文化、言語、国籍、経済状況、遺伝情報など、新しい差別が発見されるたびに、さらに追加することもできる。それならば、いっそ「すべての」差別を禁止すればいいのではないかという疑問が生じるだろう。しかし、本書で議論してきたように、普遍性はかえって差別を見えにくくし、隠蔽することもある（9章参照）。普遍的にすべての差別を禁止しつつも、同時に、世の中にどのような差別が存在しているのかを公に示すためにも、差別禁止の事由を明示する必要がある。

特定の差別禁止の事由に関して、別途の法令を作る場合もある。2007年に制定された「障害者差別禁止及び権利救済等に関する法律」には、障害を理由とする差別を禁止し、差別の被害を受けた人を救済する内容が盛り込まれている。「両性平等基本法」には、性別を理由とする差別をなくし、さらに平等な社会を実現するための国の各種政策に関する内容が盛り込まれている。これらの法律は、それぞれの差別の具体例を反映して整備されている。

それでは、特定の差別禁止の事由を「除外する」ことは、どういう意味をもつのだろうか？いまだ発見されていない、なんらかの差別がふくめられないことと、そもそも差別する意図と目的をもって、それが事由にふくまれないように反対することは、決して同じではない。前者は「すべての差別」を禁止する原則によって後から追加することもできるが、後者は「すべての差別」を禁止するという大原則そのものを損なうことであるためだ。

差別禁止法の基本目的は、すべての差別を禁止する基本原則と制度を打ち立てるための包括的な体系を構築することにある。「すべての差別」を禁止することを制定の目的とする差別禁止法から、故意に「性的指向」を除外するのは、法律の目的を損なうだけでなく、立法者による意図的な差別行為になる。このようにして作られた差別禁止法は、差別を助長すると市民団体から批判されるように、まさに「差別助長法」になってしまう。

差別禁止法をめぐる「論議」は、逆説的に、どのような差別を禁止すべきかをはっきり示している。人々がセクシュアル・マイノリティの「せいで」差別禁止法の制定に反対するのなら、それ自体がセクシュアル・マイノリティが差別されていることを示すので、性的指向とジェンダー・アイデンティティを理由とする差別を禁止する必要がある。人々が海外からの移住者やムスリムの「せいで」差別禁止法の制定に反対するなら、それ自体が人種、民族、肌の色、出身国、宗教などによる差別の存在を示すので、それらに対する差別を禁止しなければならない。

一部の人々は、差別禁止法について「社会的合意」が形成できていないので制定は困難だと言う。ここでいう社会的合意とは、少なくとも多数決を意味するものと理解されうる。しかし、本質的に多数決原理の限界のために生じた現象である差別を、多数決を用いて解決しようとすることは、正しい解決策になりうるのだろうか（8章参照）。果たして差別禁止法は「議論」なしに制定されうるのだろうか。本書で取り上げてきたように、従来の不平等な社会秩序を変えようとする際に、「議論」がないということは考えにくい。

もちろん、ひとつの法律として差別禁止法が制定されるためには、多くの人が同意する必要がある。しかし、その同意を引き出す過程が、単純に利害関係の異なる者との競いあいで、多数が勝利する方式になってはならない。集団間の合意ではなく、人権と正義の原則が中心にならなければならない。私たちに必要な同意は、平等な民主主義社会をつくる基本原則に関するものであり、だれかを差別すべきだという多数の主張を受け入れ、民主主義の根本精神を傷つけることになってはならない。

したがって、差別禁止法の原則は「だれも取り残されない No One Left Behind」でなければならない。そもそも、差別禁止を法制化しようとする公論形成の場で、その基本原則に逆らって、露骨かつ組織的に差別をしようとする人々の主張を受け入れること自体が間違っている。例を挙げて比較するなら、不正な請託（口利き）を根絶するための法制定にあたっては、不正請託を維持しようとする人々は、直接的な規制の対象になるのだから、かれらが議論に影響をおよぼすことを許してはならない。かれらの主張を反映して法律に傷をつけてはならないからだ。

しかし、差別禁止法の議論においては、差別こそが規制の対象なのにもかかわらず、政府と国会は、差別を擁護する人々の主張に耳をかたむけてきた。それが、いままで差別禁止法が制定されなかった根本的な原因である。「社会的合意」が形成できていないからではなく、憲法の原則に従うべき国家機関が、その原則を守るための責任を果たしていないからだ。その結果、さらに多くの人が差別に加わるほど、責任から「安全」になるということを示している。みんなが不正・腐敗に加担すれば自浄作用が働かなくなるように、より多くの人が差別に加担することで、差別が共同体全体を蚕食《さんしょく》することになる。

平等の実現に向けた積極的な取り組み

差別禁止法は未完なので、その内容が最終的にどのように決まるかは、社会的な熟議を重ねて決定されるだろう。本書で議論したように、「等しいものを等しく」あつかう形式的平等は、もっとも基本的なことではあるが、十分な措置にはならない。実質的な平等を実現するためには、現実の不平等な条件と多様性が考慮される積極的な差別是正措置、つまりアファーマティブ・アクションが必要である。アファーマティブ・アクションとは、平等を実現するために、場合によって、不利な現状に置かれた集団に対しておこなう特別な改善措置を意味する。

アファーマティブ・アクションは、差別が発生しないように、何かを「しない」のではなく何かを「する」必要があることを意味する。アファーマティブ・アクションは、特定集団に恩恵がおよぶように何かをするという点で、しばしば「優遇措置」と呼ばれ、誤解を招くこともない。

ある。実際は、その措置がなければ不平等な状態になってしまうのだから、厳密には優遇ではない。

たとえば、障害者の平等な選挙権を保障するためには、「してはならないこと」もあるが「しなければならないこと」もある。投票所を階段がある場所に配置することは「してはならないこと」に該当する。「しなければならないこと」は、視覚障害者のために点字広報を作ること、聴覚障害者のために選挙関連放送に字幕を表示したり手話通訳者を配置したりすること、知的障害者のために理解しやすい選挙広報を作ること、などがある。そのためには予算が必要だが、これは優遇ではなく、あくまでも平等のための措置だ。

アファーマティブ・アクションが、特定の集団に限って受益資格を付与するかたちで設計される場合、反対が起きる。その「恩恵」が金銭や職業、教育機会など、みんなが望むものである場合、なおさらそうだ。たとえば、国会議員の比例代表枠で女性の割合が5割以上になるようにした女性割当制（クォータ制）について考えてみよう。比例代表に限定した制度なので、国会議員全体にすれば半数にも満たない割合を女性に割り当てるにもかかわらず、これは男性を不利にする「逆差別」だとして抵抗が大きい。

この種のアファーマティブ・アクションは、形式的平等だけでは平等が実現されないために導入されるものだ。「だれでも国会議員になれる」と言葉で言うだけでは、女性は国会議員になれない。男性優位主義が根強い既存の政治の場で、女性が議員として参入する機会は少なく、女性の国会議員を想像できない有権者は男性候補に投票する。そのため、女性議員の数が自然に一定水準になるまでのあいだ、国が積極的に介入して女性国会議員をつくりだすのだ。これと同様に、持続的かつ構造的に不利な条件に置かれている集団のために、国が介入して特別な支援をおこなう場合がある。

企業や学校が採択するダイバーシティ経営も、マイノリティを積極的に迎え入れるための措置である。たとえば、セクシュアル・マイノリティに関連して、2017年に『フォーチュン』誌が選定した世界の大企業500社のうち、91%が性的指向を理由とする差別を禁止する政策を明示し、83%がジェンダー・アイデンティティを差別禁止政策の中で明示している。グーグル、アップル、ギャップ、ナイキ、アディダスなどは、たんに企業内におけるセクシュアル・マイノリティ差別を禁止することにとどまらず、セクシュアル・マイノリティの権利を支持する社会活動をリードしている。

企業が人種、民族、性別、障害、宗教、性的指向、ジェンダー・アイデンティティ、出身国などにおいて多様な人々を包摂しようとする理由には、大きく二つの側面がある。ひとつは、ダイバーシティ経営が企業の利益に実質的に役立つからである。多様な背景を持つ才能ある人々が入社して、クリエイティビティあふれる組織づくりができるうえに、多様な社員がいるので顧客の多様なニーズに敏感に反応することができる。また、企業倫理を考える差別のない会社として、良い評判を得る好循環をも生み出す。けれども、もし企業の利益にならない場合は、ダイバーシティ経営を中断することもできるのだろうか。

企業がダイバーシティ経営を採択する、もうひとつの理由は、企業の社会的責務（CSR）として人権擁護に寄与するためである。今日、企業はたんに営利を追求する組織ではなく、社会の構成員として倫理的責任をもつ主体と理解されている。2000年に、世界の主要企業が採択した「国連グローバル・コンパクト」は、そのような意志と志向を示したものである。これに参加した企業は、「雇用と職業に関する差別を撤廃する」ことをふくめ、人権・労働・環境・腐敗の防止に関する10原則を運営に反映するため、ともに努力することを約束した。

平等をゼロサムゲームと考える人は、アファーマティブ・アクションによって自分の取り分が奪われたように感じる（1章参照）。「相手の利益は自分の損失」であり「相手の損失は自分の利益」だと考えるのである。しかし、女性の権利が拡大すると、男性の権利は縮小するのだろうか？　学生の権利が拡大すると、教師の権利は縮小するだろうか。セクシュアル・マイノリティの権利が拡大されると、セクシュアル・マジョリティの権利は縮小するだろうか。難民を支援すると、自国民は損害をこうむるのだろうか。ほんとうにそうなのだろうか？　みんなの利益になる、ウィンウィンの可能性はないだろうか。

マイノリティの利益は、すなわちマジョリティの損害だという果てしない論争は、いまの韓国社会で、平等の実現を遅らせる論理として用いられている。このような状況のなかでは、自分にとって有利な差別なら結構で、自分にとって不利な差別はよくないという利害関係だけが残る。一粒の豆のように、どんなに小さなものも分けあう心や、五つのパンと2匹の魚の奇跡(*1)を語っていた宗教の教理はすでに消えてしまい、いまや「良風美俗」(*2)という言葉は、馴染みのないだれかを排除するために使われている。

世界をともに生きていく方法、共存の条件としての平等の意味を考えてほしい。固定された「正しい」人生を規定しない、現在の「解体の時代」は困難や混乱をともなうかもしれない。しかしこれは、人類がずっと渇望してきた自由を獲得する過程でもある。王族や貴族のような少数だけが享受していた自由を、民衆という多数が有することになり、さらに、いままで社会の外部に置かれ、不可視化されていた「みんな」が享受するようになるまで、世界はさらに変わらなければならないのだ。

今後、差別禁止法が制定されるとしても、本書で取りあげた内容の多くは、依然として論争の対象になるだろう。私たちは、差別をなくすという基本原則に合意することだけでも大変な時間を費やしている。日常の中から実質的に差別が消えるまでは、これからも、さらに多くの時間が必要になるだろう。法律によってセクハラが禁止されたのはかなり昔だが、セクハラに当たる行為が何なのかを人々が知り、そのような行動をしなくなるまでには長い時間がかかったし、依然として改善の余地がある。それでも、韓国社会はセクハラをしないという共同の決断を下し、決断した方向に進もうとしている。

だれもが平等を望んでいるが、善良な心だけでは平等を実現することはできない。不平等な世界で「悪意なき差別主義者」にならないためには、慣れ親しんだ秩序の向こうの世界を想像しなければならない。そういう意味で、差別禁止法の制定は、私たちがどのような社会をつくりたいかを示す象徴であり宣言なのだ。たんに法律の制定という結果だけではなく、ここ10年あまり、いや、それよりずっと前から、差別や平等について論争し、悩みつづけた結実としての決断であるからだ。差別禁止法を制定すべきか否かをめぐる論争を終え、どうやって平等を実現するかについて語ろう。ハンナ・アーレントの言った通り、私たちが集まって決議をおこなうとき、いま・この場所で、はじめて平等は実現される。

平等とは所与の事実ではない。われわれが平等であり得るのは人間の行為の産物としてのみである。われわれの平等は、われわれ自身の決定によってたがいに同じ権利を保証し合う集団の成員としての平等である。(『全体主義の起原(2)帝国主義』325頁)

＊1……イエス・キリストによる奇跡のひとつで、五つのパンと2匹の魚を5000人に食べさせたという。イエスの言行録である四つの福音書共通に書かれている。マタイ14章13―21節、マルコ6章30―44節、ルカ9章10―17節、ヨハネ6章1―14節。

＊2……2017年10月、ソウルの体育館で開催予定だった「第1回クィア女性体育大会」が、ソウル施設公団による会場使用許可取り消しのため、キャンセルされた。公団側は取り消しの理由として「良風美俗」を害するおそれがあるという考えを示した。

エピローグ　わたしたち

映画『わたしたち』（韓国、2016年）は、小学校の校庭で、子どもたちがチーム分けするシーンからはじまる。「出さなきゃ負けよ、じゃんけんぽん」と掛け声をかけてメンバーを選ぶ声の向こうで、選ばれるのを待つ主人公イ・ソン（チェ・スイン）の顔に不安そうな表情が浮かぶ。どこかのチームに入らなければならないのに、だれからも歓迎されないソンは、最後の最後になってやっと呼ばれ、ドッジボールをはじめる。

この映画は、集団に所属できないことを恐れる、幼いころの恐怖をあまりにもリアルに映し出している。幼いころ、この種の恐怖を少しでも経験した人には、ホラーやスリラー映画のように感じられるだろう。友達の誕生日パーティーに招待されなかったことに傷ついたり、遠足で一緒にお弁当を食べる友達を探してきょろきょろしたり、友達の機嫌をとろうとして嘘をついたりするシーンは、学校という空間を離れた後、私たちが心の奥深くにしまっていた記憶を揺さぶり、数十年前の感情を一瞬にして引き出す。

映画は、無邪気で純粋だったと勘違いされる幼少期が、実はどの年齢よりも残酷な時期でもあったということをストレートに伝えている。教室という小さな世界で、10歳になったばかりの子どもたちが、世の中の差別を再現する。家庭が貧しいと、両親が離婚していると、父親がアルコール依存症だと、冷やかしやからかいの対象になり、いじめられる。あるいは、他の学校で「いじめっ子」の烙印が押されると、それ自体がまた、いじめの理由になる。嘘つきだとか、臭いとか陰口をたたかれ、あらゆる噂や嫌がらせによって、小さな世界は分裂し、葛藤を経験する。

私が本書で取りあげた差別の話の多くも、もしかしたら、その小さな世界からはじまったかもしれない。友達という共同体が、ゆるやかで開かれた関係ではなく、密着して閉じた関係であるとき、所属できないことに対する不安はいっそう深まる。最近の流行語でいうと、群れにうまくとけこんで遊ぶ人気者である「インサ」(インサイダー)になるか、群れの中に入ってこない「アッサ」(アウトサイダー)になるか、どちらかの選択肢しかない場合だ。インサとアッサの境界には、両者を分ける基準が存在していて、そこでルックスや能力など、あらゆる差別が再現されることになる。そのせいか、私は幼いころ、新学年になると、友達をつくりたくて、もっと正確には、友達がいるという安心感を得たくて、クラスの何人かでグループをつくろうと懸命に努力していた。数十年も経った現在でも、当時の私のような不安を浮かべた学生たちを大学のキャンパスでよく見かける。講義の初日に偶然近くに座った人であれ、同じ地域に住む人であれ、とにかく何かしらの理由をつけて友達をつくってようやく、安心して学生生活に集中することができる。学校を離れ、職場に入っても、冷やかしやいじめを受けないかと心配する。人とかかわることへの不安は、大人になっても簡単には消えない。

ある集団の境界の外に押し出されることは恐ろしいことであり、私たちは境界の中に入るために多くのものを犠牲にする。私は本書を通じて、人とかかわることへの不安と闘う方策を語りたかった。どこかに所属するために「完璧な」人になろうと努力したり、そのような人のふりをするかわりに、みんながありのままの姿で歓迎される世の中を想像してみようと伝えたかった。少なくとも、私が排除されることを恐れて、他人を冷やかし、だれかの心を踏みにじるようなことをしないために、大きな優しさでみんなを包みこむ、安全な社会づくりを夢見る。

映画『わたしたち』のラストシーンでは、ふたたび学校のグラウンドでドッジボールの試合がおこなわれる。映画の冒頭で、友達がソンに近づき「あんた線を踏んだでしょう」「出て行け！」と言っていた場面が、映画の最後では、ハン・ジア（ソル・ヘイン）に対して再現される。しかし、映画の序盤で「私は線を踏んでない」と抗弁するソンの側にはだれもいなかったのに対し、映画のラストでは、ソンがジアのために声を発する。「ジアは線を踏んでなかったよ！」。そしてドッジボールの試合は続き、自分が仲間はずれにされないためにおたがいを傷つけあった二人のあいだの葛藤が解決されることを暗示して映画は終わる。

差別の話は、たんに「社会的弱者」あるいは「マイノリティ」と表象される特定の集団に限らない、私たちみんなの生活を構成する関係に関する話でもある。だから私はこの本で、さまざまな理由で差別をしたり、差別を受けたりする無数の関係のなかで、私たちの人生がどのように形成されるのかを振り返ろうとした。そして、みんなが少しずつ緊張をほどき、少しゆるんではいても、馴染みのない存在をも包みこむことができる、余裕のある関係をつくってみようと提案したかった。

本書でふれたように、「私たち」という言葉は、「かれら」を前提にするとき排他的な意味を持つ。映画でも、教室の中で絶え間なく「私たち」が新たにつくられ、解体されることをくりかえしながら葛藤を生じていた。しかし、閉鎖されたひとつの集団としての「私たち」ではなく、数多くの「私たち」たちが交差して出会う、連帯の関係としての「私たち」も可能ではないだろうか。だれかに近づき、「線を踏んだでしょう」「出て行け！」と叫ぶのではなく、みんなを歓迎し、一緒に生きる、開かれた共同体としての「私たち」をつくりたい。

訳者あとがき

私が子どものころによく読んでいた本には、「地球村」「グローバル社会」といった言葉が載っていた。幼い私にとって、異なる文化を持ち、人種も言葉も異なる人と友達になれるという希望あふれる未来は魅力的だった。自分が大人になって活躍する社会は、「地球村」という言葉どおり、世界の人々がまるでひとつの村のようにおたがいをよく知り、等しく情報や資源を享受でき、おたがいを理解しあえる社会になるはずだと思った。しかし、大人になって実際に出会った「地球村」は、幼いころ夢見ていたそれとは少し違ったかもしれない。

ハンガリーのブダペストでのことだった。旅行2日目、うきうきした気分で朝早くホテルを出て、ドナウ川のほとりを散歩していた。天気もコンディションもすべて最高だった。私は連れとブダペストの美しい街並みについて語りながら、これから見にいく観光スポットのことを話しあっていた。最高の一日になるはずだった。向こうから歩いてきた中年女性とすれ違うまでは……。私という人間について何も知らないはずのその女性は、見た目がアジア系という理由だけで、私たちにゴミでも見るようなまなざしを向けた。しかめっ面をして、意味はわからないが悪口に違いない言葉をつぶやく彼女とすれ違ってから、私は急激に気分が悪くなった。

心臓の鼓動が早くなり、それまで美しく見えていたまわりのすべてが急に怖くなった。振り返ってみれば、このような経験は他にもたくさんあった。私と友人が韓国語で話すのを聞いて、「君たちの言葉はチン・チャン・チョンにしか聞こえないな」と笑いながらからかってきたロンドンの駅員や、まわりの白人たちとは明らかに異なる食器に料理をサービングしたレストランのことも覚えている。

外見が似ている国や地域なら大丈夫だろうか？　日本への留学を決めて、日本ではたんに見た目がアジア系という理由で差別を受けることはないだろうと思った。しかし今回は「韓国人」という国籍が問題だった。韓国人という理由だけで、私について何ひとつ知らない人たちから、何回も嫌な思いをさせられるようになった。むろん、私が出会ったほとんどの日本人はいい人だったし、不快な経験もほんの一部だったが、その一部の経験はトラウマになって、自己検閲をするようになった。電車の中で韓国の友人と韓国語で会話をするのがなんとなく気になって、なるべく会話を控えたり、スマートフォンで韓国語のページを見るとき、まわりに差別主義者みたいな人がいないか確認するようになった。そんな人はごく一部にすぎないということを頭では知っているにもかかわらず、そのほんの一部の経験は、自分を縮こまらせた。そのような異邦人として、ディアスポラとしての経験は私を変えた。自分がマジョリティではない所で生活し、いつでも「差別を受ける側」になりうるという感覚は、それまで気づかなかったことを気づかせるきっかけになった。

韓国に一時帰国したときのことだった。バスに乗っていたとき、知人が黒人の乗客をさして「カムドゥンイ」(黒人を見下す言葉)と言った。私も学生時代に、日焼けした自分の肌に対して何の抵抗もなく使っていた言葉だった。しかし、なぜかその言葉を聞いてモヤモヤした。またある日、友達が「チャンケ食べに行こうか?」(「掌柜・掌狗」は中国人を見下すヘイト表現で、中華料理という意味で使われるときもある)と言うのでびっくりしたことがある。日本で私が聞いた「朝鮮人」の韓国バージョンのように聞こえたからだった。当たり前のことだが、二人ともごく普通の人で教育水準も高く、良い職業を持っており、何よりも「善良な」人だった。

韓国にはこんなことわざがある。「何気なく(いたずらで)投げた小石にカエルは打たれて死ぬ」。差別やヘイト表現は、何気なく投げた小さな石のように、おこなう側からは些細なひとことだっただろう。しかし、その石に当たっただれかは大きな心の傷を受けることになる。本書は、差別がナチスやKKKのような特定の人だけではなく、ごく平凡な「私たち」が日常的におこなっていることだという事実を、多くの事例を通じて述べている。

「しかし、差別は私たちが思うよりも平凡で日常的なものである。固定観念を持つことも、他の集団に敵愾心を持つことも、きわめて容易なことだ。だれかを差別しない可能性なんて、実はほとんど存在しない」(65頁)

本書は、だれもが石を投げつける側にも、石に打たれるカエルにもなりうるという当然の事実を教えてくれる。私たちはつねに主流であるわけではない。国籍で、人種や民族で、宗教で、性別で、経済状況や健康状態で、いつでも他者化され、自分も気づかないうちに差別の加害者と被害者のあいだを簡単に行き来する。この当たり前の事実に気づくには、きっかけが必要だ。「私たちが生涯にわたって努力し磨かなければならない内容を、『差別されないための努力』から『差別しないための努力』に変えるのだ」（202頁）

だれかを差別しない可能性はほとんど存在しない。そのため私たちは、「差別をしないための努力」を学ばなければならない。そのような努力こそが、真の「地球村」の実現のためのはじまりではないだろうか。この本が「当たり前の事実」に気づくためのきっかけになれるなら、この上なくうれしく思う。

最後に、訳文についての指摘やわかりやすい訳注を書いてくださった梁・永山聡子氏、韓国の現状を踏まえた詳しい解説を書いてくださった金美珍氏、編集を担当してくださった岩下結氏に、この場を借りて感謝申し上げる。

2021年夏

尹怡景

解説　韓国における差別禁止の制度化とそのダイナミズム

金美珍（大東文化大学准教授）

「私は差別をしない」という思いこみを問い直す

本書の原タイトルは『善良な差別主義者（선량한 차별주의자）』である。差別という重いテーマをあつかっているにもかかわらず、本書は刊行から2か月で2万5000部を売り上げ、1年も経たないうちに10万部を超えて政治・社会分野のベストセラーとなった。「ノーキッズゾーン」「難民」「ヘイト表現」など、韓国社会のホットなイシューをあつかっているため、各種の読書会で一緒に読みやすい本として口コミで広まった。本書を用いて差別問題について意見を交わす場が、大学やメディア、自治体などで次々と設けられるなど、差別と人権について議論する際に欠かすことのできない本になっている。

とくに本書が注目されたのは、差別に関する既存の考え方に新たな問いを投げかけたからと考えられる。一般に、差別に対する認識は、差別をする加害者と、それを受ける被害者という構造の中で議論される。本書でも指摘されているように、だれもが差別は悪いことだと思う一方、自分が持つ特権には気づかないので、みずからが加害者となる可能性は考えない傾向が強い。こうした考え方に、本書は「善良な」という表現を用いて、「私も差別に加担している」「私も加害者になりうる」という可能性に気づかせる。つまり、平凡な私たちは知らず知らず差別意識に染まっていて、いつでも意図せずに差別行為を犯しうるという、挑発的なメッセージを著者は投げかけている。

著者であるキム・ジヘ教授は、差別の死角地帯におかれた人々を直接訪ねる現場活動家でありながら、法学、社会福祉学、統計学を専門とし、統合的な観点から嫌悪・差別の問題について理論的土台を構築してきた研究者である。社会福祉学の修士過程を終えた後、児童・青少年を対象とした相談実務の現場経験を経て、社会福祉学科の教授に任用されたが、1年半後に辞職し米国のロースクールに入った。ロースクール卒業後は、韓国憲法裁判所の研究員として働いた経歴をもっている。本書では、差別と関連するテーマが日常の事例から政策まで紹介され、さらに、抽象的で難しく思われがちな概念がわかりやすく説明されている。これは、こうした現場経験と政策的解決を探ってきた著者の問題意識と経験にもとづくからだと考えられる。

「公正」「平等」「民主主義」が問われる韓国社会

本書が韓国でベストセラーになった背景には、今日の韓国社会でセクシュアル・マイノリティや難民など、マイノリティ集団を対象にした差別と嫌悪の問題が社会的イシューとなり、人々の関心が高まっていることが考えられる。

これと関連して、いま韓国社会では「公正」「平等」「民主主義」について熱い議論がおこなわれている。これらの議論は新しいものではない。植民地支配、分断、戦争、独裁を経てきた韓国社会では長いあいだ、自由と民主主義が抑圧される過程で、さまざまな差別的慣行や慣習が根付き、強化されてきた。1987年の民主化を境に、独裁政権が暴力的に支配していた権威主義体制から民主主義体制へと移行した。これと同時に韓国の市民社会では、これまで抑圧されていた基本権を自由に行使し、国家暴力による人権侵害を防ぐ制度的な基盤の整備を求める声が相次いだ。

1990年代以降、市民運動の成長とともに人権意識が向上し、関連する制度が整備されてきた。だが、独裁政権のもとで形成された学歴・学閥差別、男女差別、地域差別などの慣行や慣習は完全に解消されなかった。その上、90年代末以降、韓国社会ではグローバル化と新自由主義政策が急速に展開され、格差が広がり、絶え間ない競争社会となってきた。つまり、既存の差別的な慣行や慣習が残ったまま、雇用、住居、福祉など社会保障制度も十分に整備されない状況で、新自由主義政策がもたらした能力主義の価値観が韓国社会に広がったのである。

その結果、今日の韓国は、OECD加盟国の中でももっとも高い水準の不平等社会となっている。とりわけ、男－女、正規－非正規、大学卒－非大学卒、障害者－非障害者、移住者－国籍保有者といった異なる集団間における差別が著しくあらわれている。

さらに今日においては、差別をめぐって世代、ジェンダー、階層のあいだで新たな葛藤もあらわれている。2021年、韓国放送公社による「KBS世代認識集中調査③〝イ・デナム〟〝イ・デニョ〟論の実態」によると、世代、ジェンダー、階層によって「公正」と「平等」についての認識が異なることが明らかになった。その中で注目されるのが、20歳から34歳までの若年男性である。同調査によると、若年男性は、学歴水準および名門大出身であるか否かによる格差、女性と男性のあいだの賃金格差について、「公正だ」と肯定的に答えた割合が、他の世代の男女と比べ非常に多いことがわかった。また、若年男性は環境、労働、北朝鮮、差別、女性などの社会的イシューに対しても、共同体の問題として認識しない割合が高かった。その中から、自分自身をアンチ・フェミニストとして定義し、堂々とフェミニズムに反対する意見を表現する人々もあらわれている。韓国ではこうした現象が「イ・デナム（20代男性）」としてとらえられている。こうした現象のおもな要因については、新自由主義の言説に支配され、終わりのない競争に駆り立てられるなかで、個人主義と能力主義を公正の基準にした認識が、若年男性に集中的に内面化されたと解釈されている。今後、世代、ジェンダー、階層のあいだで、差別をめぐる新たな対立が起きる可能性が注目されている。

差別禁止および人権をめぐる韓国の法制度の概要

今日、韓国でおこなわれている差別についての議論と本書の理解を深めるために、以下では差別禁止と人権をめぐる法制度と、差別禁止法の制定をめぐる政治・社会的動向について述べる。

韓国において、人権を保護し、差別を規制する基本的な法律としては国家人権委員会法（以下、人権委法）がある。人権委法はおもに、国家人権委員会の組織と権限についての規律で構成されている。そのなかで差別禁止については、国家人権委員会が持つ権限のひとつとして、差別の調査と是正を規定する条項がふくまれている。その他、差別の概念と類型および救済の手続きについて規定している。

人権委法のほかに、差別を禁止する「事由」または「領域」を個別に定めた法律として、障害者差別禁止法、年齢差別禁止法、非正規職差別禁止法、男女雇用平等法がある。

そして、差別禁止および人権政策のための中央政府のガバナンス体制として、国家人権政策基本計画（National Action Plan for the Promotion and Protection of Human Rights：ＮＡＰ）がある。国家人権政策基本計画には、韓国社会がめざすべき人権価値や政府の政策目標が定められており、人権に関する法・制度・慣行を改善する対策が集約されている。具体的には、国家保安法、死刑制度、非正規職、代替服務制（宗教や信念を理由に兵役を拒否する人々が、軍隊に代わって国防の義務を果たせるようにする制度）など、韓国で激しく議論される人権関連のイシューに対する解決の方向性が示されている。その他、人権政策について関係省庁間の協議や調整をおこなう協力体制として、国家人権政策協議会がある。

中央政府のガバナンス体制のほかに、地域における住民の実生活の中で人権を保障していくための自治体の役割を定めた人権条例がある。人権条例の制定は、２００９年11月に光州《グァンジュ》広域市がはじめて人権基本条例を制定したことからはじまった。その後、２０１２年に国家人権委員会が全国の地方自治体の長に人権基本条例の制定を勧告し、「人権基本条例標準案」を提示したことから本格化した。その後、全国の自治体においては、人権基本条例のほか、障害者、女性、移住民、学生、児童および青少年に関連する地域条例が個別に制定されてきた。

差別禁止および人権をめぐる法制度の略史

韓国ではじめて「差別禁止」と「人権」を政策課題として設定し、法制化を求めて取り組んだのは女性運動である。韓国では１９８７年に男女雇用平等法が制定されたものの、当時の法律には「平等」や「差別」について具体的な定義が定められていなかった。これに対し、当時の女性運動団体は、差別の定義が明確になっていないことが職場における男女差別をもたらすと批判し、同法に差別の定義を定めることを求めて改正運動を展開した。そして89年、差別を定義する規定を同法に盛り込んで改正することに成功した。その後、「差別禁止」を明文化した男女差別禁止法を制定（99年）させるなど、女性運動は韓国社会の差別解消および人権改善において大きな役割を果たしてきている。

次いで、韓国において差別禁止や人権が本格的に議論されるようになったのは、金大中《キムデジュン》政権からである。韓国ではじめて平和的に政権交代に成功した金大中政権は、大統領選挙中から、以前の権威主義体制によって侵害されていた人々の基本権の行使を保障し、経済成長を優先する言説によって抑圧されていた人権問題を改善することを公約にかかげていた。そして就任後の98年6月、金大中大統領が国際人権連盟から「今年の人権賞」を受賞し、「国民個々人の人権問題を疎《おろそ》かにしない」と宣言したことをきっかけに、韓国で人権をめぐる関心が高まった。これを背景に2001年4月、国家人権委員会法が制定され、同年11月、人権問題を専担する国家機構として国家人権委員会が設置された。このときから韓国では、差別禁止および人権の問題は政治的責任の対象となったのである。

その後の盧武鉉《ノムヒョン》政権で、差別禁止および人権をめぐる制度的基盤がより発展した。盧武鉉政権が登場した2003年当時の韓国では、97年のアジア通貨危機以降に拡大した格差問題が深刻化していた。その上、権威主義体制のときから根付いてきた既存の差別的慣行や慣習によって、社会的に排除される階層が急増していた。こうした社会問題に対し、盧武鉉政権は発足直後から「貧富の格差と差別問題などの不平等是正」を国政課題とし、制度の整備に取り組みはじめた。その具体的な推進課題として、女性、学閥、障害者、非正規雇用、外国人労働者という五つの差別を解消する「五大差別解消による平等社会の実現」をかかげ、2004年6月には差別是正を担当する「貧富格差差別是正委員会」を設置した。また同年に国家人権機構国際調整委員会（International Coordinating Committee of National Human Rights Institution：ICC）に加入した。そして2007年にICC副議長国の地位を獲得したことをきっかけに、人権政策に関する政府レベルの総合計画である国家人権政策基本計画（NAP）を整えた。さらに、2006年7月の国家人権委員会からの勧告を受け、2007年に法務部が「憲法上平等の原則を実現する最初の基本法」として、「包括的差別禁止法」を立法予告したのである。

だが、韓国における差別禁止および人権政策は、2008年以降、李明博《イミョンバク》と朴槿恵《パククネ》という保守政権のもとで大きく後退した。保守政権の登場とともに、韓国社会では、人権の価値や差別禁止法の制定に反対する勢力が成長し、マイノリティ集団に対する嫌悪を表現したり、露骨に差別を助長したりする行為が増えてきた。

たとえば2014年、ソウル市民人権憲章の制定の際に、一部のキリスト教勢力が公聴会場を占拠し、セクシュアル・マイノリティの人権についての内容がふくまれていることを理由に、同憲章の制定に反対した。また、一部のキリスト教勢力がクィア・パレードを阻止することで、主催側と衝突したこともあった。その他、江南駅女性殺人事件、精神障害者を犯罪者あつかいする犯罪総合対策、非正規労働者に対する嫌がらせなど、女性、障害者、セクシュアル・マイノリティ、非正規労働者に対する差別と嫌悪の表現が、公の場で著しくあらわれてきた。こういったマイノリティ集団に対する差別・偏見・烙印が年々深刻化したのである。

こうした人権政策および民主主義が後退する一方、不平等や差別を容認する政治や制度に対する憤りも大きくなった。こうした憤りは、2016年に朴槿恵大統領の弾劾と政権退陣を求めて広場に集まったろうそくデモの参加者のあいだで共有されていた。ろうそくデモに参加した人々は、韓国社会が志向すべき新たな価値として「公正」「平等」「民主主義」を求めていたのである。

こうした経緯を経て、「公正」「平等」「民主主義」は今日の韓国社会で重要な価値として議論されてきている。そのなかで、差別禁止法の制定がホットなイシューとなっており、制定をめぐるせめぎあいがおこなわれている。

差別禁止法の制定をめぐるせめぎあい

差別禁止法の制定が議論されはじめたのは盧武鉉政権からである。前述したように、国家人権委員会からの勧告を受けて法務部が法案を準備し、２００７年に「包括的差別禁止法案」として立法予告した。当時、法務部が準備した法案には、だれもが性別、障害、人種、年齢、出身地域などを理由に「雇用、教育、財貨とサービス、行政サービス」の公的領域で差別を受けないよう規定する内容がふくまれていた。

だが、立法予告後、発議された法案には、法務部が当初ふくめていた差別禁止事由から、家族形態および家族状況、犯罪歴および保護処分の有無、病歴、言語、性的指向、出身国、学歴の七つの事由が削除されていた。これは保守キリスト教勢力の反対を受けての結果であった。だが、これはかえって、さらなる反発をもたらした。七つの差別禁止事由を削除したことに対し、当時の人権・市民団体側は大きく反発した。そして、差別禁止法の制定を求め、人権問題に取り組むさまざまな人権・市民団体が集まって連合体を結成したのである。

その後、２００７年から２０２０年まで、差別禁止法案は、8回（議員立法7回、政府立法1回）国会に提出されてきた。そのうち2回は一部保守キリスト教勢力の反対を受けて法案が撤回され、5回は国会議員の任期満了によって自動的に廃案とされた。これまで差別禁止法案は、1回も国会の中では審議されてこなかったのである。

残る1回は、２０２０年6月、第21代国会で正義党の張《チャン》恵《ヘ》英《ヨン》議員が発議した法案である。張議員が発議した法案には、国家人権委法に明記されている19の差別禁止事由に加え、直接差別、間接差別、嫌がらせ、セクハラ、そして差別を助長し煽動する広告行為を規制する内容がふくまれている。

今回の差別禁止法案は、2016年の大統領弾劾、2018年以降の#MeToo運動の経験を経て、イエメン難民、トランスジェンダー兵士の強制除隊など、マイノリティ集団に対する差別イシューについての議論を踏まえて発議された。そして、張議員が発議した翌日、国家人権委員会が「平等および差別禁止に関する法律試案」を発表し、国会における速やかな立法を求めるなど、差別禁止法の制定をめぐる社会的要求が高まっている。とりわけ今回は、多数のプロテスタント系団体が「差別と嫌悪のない平等な社会を求めるクリスチャン」という名義で法制定に賛成を表明し、差別禁止法に関する講演や討論会をおこなっている（ホン・ソンス 2020）。2020年の国会では法案が審議されなかったものの、2021年、差別禁止法制定を求めて10万人を超える人々が国会請願に参加したことによって、2021年国会で審議されていく見込みである。今後、議論がどのように展開されるか、社会的関心が非常に高まっている。

だれが制定を求めているのか?――「差別禁止法制定連帯」を中心に

韓国における差別禁止法の法制化は、当初国家人権委員会の勧告からはじまり、政府によって法案が準備されたものの、その背景には差別解消と人権の保障、民主主義の実現のために闘ってきた人権・市民団体による長い取り組みの歴史があった。

民主化以降、人権や民主化など各分野で個別的に活動していた人権・市民団体は、2007年に政府の差別禁止法案が発議されてからは、おもに連合体を形成して活動を展開している。はじめて登場した連合体は2007年に結成された「反差別共同行動」である。前述したように、この連合体は、政府が発議した「包括的差別禁止法案」において、当初ふくまれていた七つの差別禁止事由が宗教勢力の反対により削除されたことをきっかけに形成された。当時の人権・市民団体側は、政府案の差別禁止事由削除について「差別を禁止する法がむしろ差別を助長し、韓国社会の構成員を『差別を受けてもいい人』と『差別を受けてはいけない人』に分けてしまった」と批判した。そして、この状況に立ち向かうため、多様な人権擁護・市民・社会団体がともに「反差別共同行動」を結成したのである（ホン・ソンス 2017）。その後、2011年に「反差別共同行動」は「差別禁止法制定連帯」へと体制を再編し、法制化に向けた社会的合意を高めるため、さまざまな取り組みをおこなっている。同連合体は、これまで国会および政府から発議された差別禁止法案の検討と意見表明、一人デモ、地域巡回懇談会や討論会など、法制定のための大衆キャンペーンをこの10年間活発に展開してきた。

結成当時から、自治体における人権条例（学生人権条例・民主市民教育条例・ジェンダー平等条例・労働人権教育条例・文化多様性条例など）の制定に取り組んでいた全国の人権・市民団体をはじめ、マイノリティ運動団体、仏教など差別禁止法に賛成する宗教団体などが参加した。2014年以降、一時期活動を休止していたものの、2017年の大統領選挙でセクシュアル・マイノリティ問題がイシュー化されたことをきっかけに活動を再開し、現在は102の団体が参加している（再加入25団体、新規加入77団体。公式ウェブサイトより）。

「差別禁止法制定連帯」は、差別禁止法に盛り込むべき原則と内容として、以下の三点を提示している。第一に、差別に関する統合的な定義と具体的な判断基準が明示されること。第二に、差別行為が発生する前にそれを予防し、差別発生時に被害者を効果的に救済するための方法が盛り込まれること。第三に、平等に関する国の責務を確認すること（同ウェブサイトより）。

だれが反対しているのか？

前述したように、差別禁止法の制定に反対する声は、おもに一部の保守的キリスト教勢力を中心に上がってきている。とりわけ反対する勢力は、保守政権を経て組織的に規模が大きくなり、保守的な政治家を支持することで影響力を拡大してきた。

この勢力は、これまで差別禁止法の制定に反対するほか、人権や差別に関連する多数の法案の撤回や変更に影響を与えてきた。たとえば「人権教育支援法案」（2014年）には、人権委が主管する人権教育の内容がふくまれていたが、同性愛教育を強化するおそれがあるという反発を受けて撤回された。「生活パートナー関係に関する法律案」（2014年）は、事実上同性婚を認める法案であるという反発を受け、発議されなかった。「国家人権委員会法改正案」（2016年）は、人権親和的に経営する企業を人権委が認証し、認証を受けた企業が国家機関および自治体の入札に参加する際に加算点を付与する内容で、企業における人権擁護の取り組みを拡大・強化する改正案であった。だが、これは「親同性愛企業を支援する」という理由で反発を受け撤回された。「児童福祉法改正案」（2016年）は、家族形態による差別を禁止する条項が問題とされ撤回された。「ひとり親家族支援法改正案」（2016年）は条文の「多様な家族形態についての理解を深める教育」という一節にある「多様な家族」との表現が同性婚をふくむと解釈されるおそれがあるとの指摘を受け、この表現が削除された（ホン・ソンス 2017）。

その他、自治体における人権条例の制定にも反対し撤回を求めてきた。実際、京畿道学生人権条例（2010年）、光州広域市学生人権保障および増進に関する条例（2011年）、全羅北道《チョルラブクド》学生人権条例（2013年）など、自治体における人権条例の成立をめぐって賛成側と反対側の激しい対立が起き、条例が保留されたり、否決されたりしたのである（ホン・ソンス 2017）。

差別禁止法制定のための課題

上記のように、今日の韓国社会では、差別禁止法の制定をめぐって激しい対立があらわれている。本書はこうした対立を背景にしたものとして理解することができる。

差別を是正し解消していく過程は、民主主義と人権の価値をマイノリティと共有していくことを意味する。韓国社会では、これまで差別を禁止し人権を保障するためのさまざまな取り組みが展開されてきた。こうしたなかで、「国民」の名で不可視化されていた人々の存在に気づいたり、正常と非正常について問い直すことでマイノリティがかかえている不平等に抵抗したり、差別禁止と人権をめぐる法制度を整備するなど、一定の成果をあげてきた。

だが、従来の法制度では、今日韓国社会で起きている多くの差別および人権イシューに対応することが困難になっている。とりわけ、人権委法を中心に整備されている現在の法制度は、国家人権委員会の勧告が法的強制力を持たないため、差別や人権侵害の問題を解決し救済する際に実効性が低いという限界を持っている。また、差別禁止をめぐる現在の法制度が体系的に整えられていないため、現場における混乱を招きやすいとの指摘もある（ホン・ソンス 2018）。

こうした限界を補うため、韓国では差別禁止法の制定が求められてきたのである。

差別禁止法の制定が実現したとしても、すべての人権問題が解決されるわけではない。また、これによって社会の対立がすべて解消されることも考えられない。だが、法制化を進めていくなかで、差別の問題が公の場で議論され、たがいの立場の差異を理解し、解決策を模索することができる。これによって、韓国社会における人権がより一層強く保障されるだろう。

こうした意味から、いま韓国社会で起きている、差別禁止法をめぐるせめぎあいは、たんに人権制度や民主主義の後退を意味するものではない。これまで国際社会の基準に合わせることを中心に受容されてきた人権イシューが、制度化を経て、地域社会の日常生活の中で定着していく過程で起きる、論争的な段階ととらえることができる。

本書が取り上げる話題の多くは現在、韓国社会でおこなわれている差別や人権をめぐる論争と関連している。一見すると政治的な対立のように見える論点について、日常の中で気づかないうちに経験し、加担してしまう差別としてとらえ、自分自身だけでなく、まわりの人々とともに差別について考えさせるのが本書のもっとも大きな魅力である。本書ではおもに韓国とアメリカの事例を取り上げているが、国を越えて、日本における差別や人権問題についても考えるきっかけになるだろう。

また、本書は一般書でありながら、トークニズム、特権、優越理論、間接差別、差異の政治など、差別に関する多様な理論が適切な事例とともにわかりやすく紹介されている。そのため、個人的レベルから構造的なレベルまでの差別について考えるのに役立つ。こうした意味で本書は、政治学や社会学、社会運動、ジェンダー、マイノリティ研究などの関連分野の入門書としても十分に活用できる。日常における差別や多様性の問題を考えてみたいと思う生活者から、学術的な関心のある読者まで、幅広い人々にとっての必読書である。

参考文献

イ・ソンヒャン「韓国社会の人権ガバナンスの構築過程と官僚化」『談論201』第20巻2号、2017年、75－103頁

「差別禁止法制定連帯」ウェブサイト https://equalityact.kr/

ホン・ソンス「包括的差別禁止法提案——主要内容と争点1（総則）」『包括差別禁止法の制定意味と争点』2017ソウル大学人権センター国際学術会議（2017年9月21－22日）ソウル大学、2017年、149－189頁

——「包括的差別禁止法の必要性——平等基本法のため」『梨花ジェンダー法学』第10巻3号、2018年、1－38頁

——「差別禁止法は何をするための法であるのか？——差別禁止法の争点と課題」『キ社研レポート』第14号、韓国キリスト教社会問題研究院、2020年、6－17頁

——「差別禁止法の制定、これからは政治と立法の出番」『シサIN』2021年1月22日

モン「差別を受けてもいい人はない」『福祉トーク』参与連帯、2020年8月1日 https://www.peoplepower21.org/index.php?module=document&act=dispDocumentPrint&document_srl=1723128&mid=Welfare

（キム・ミジン）大東文化大学准教授。社会学、ジェンダー、労働運動を研究。著書に『韓国「周辺部」労働者の利害代表——女性の「独自組織」と社会的連携を中心に』（晃洋書房）。

参考文献

（注）日本語訳があるものは邦訳の書誌情報に改めた。

［**韓国語文献**］

カン・ジング「韓国社会の反多文化談論考察：インターネット空間を中心に」『人文科学研究』32 集，江原大学校人文科学研究所，2012 年

キム・ナンジュ「韓国の男女間賃金格差の現状と課題」第 19 回ジェンダーと立法フォーラム「性別賃金格差の解消戦略方案の模索」国際カンファレンス，2017 年

キム・ナンジュ，イ・ソヒョン，ファン・ソンス，パク・ミヨン「男女賃金格差実態調査」国家人権委員会，2017 年

キム・ドギュン「韓国社会における法治主義」『知識の地平』13 巻，テウ財団，2012 年

キム・ドンワン「公的空間の理想と仮想」『公共空間のために』トンニョック出版社，2017 年

キム・マングォン『ホモジャスティス』ヨムンチェック，2016 年

キム・ヨンミ，チャ・ヒョンミン「分離と差別の長期持続」『韓国社会学会社会学大会論文集』韓国社会学会，2016 年

キム・ヨンジ，キム・ヒジン，イ・ミンヒ，キム・ジンホ「児童青少年の権利に関する国際協約の履行研究：韓国の児童青少年の人権実態 2017」韓国青少年政策研究院，2017 年

キム・ヨンチョル「幸せは成績順で決まるものじゃないでしょう：“学歴（学閥）”の非経済的効果の推定」『経済学研究』64 巻 1 号，韓国財政学会，2015 年

キム・ジユン，カン・チュング，イ・ウィチョル「閉ざされた大韓民国：韓国人の多文化認識と政策」『イシューブリーフ』牙山政策研究院，2014 年

キム・ジヘ「同性婚に関するアメリカ判例の展開」『法と社会』46 巻，法と社会理論学会，2014 年

――――「みんなのための平等」『民主法学』66 巻，民主主義法学研究会，2018 年(a)

――――「侮辱的表現と社会的差別の構造：日常の言語と法的アプローチ」『法と社会』55 巻，法と社会理論学会，2017 年

――――「未登録移住児童の教育権：アメリカ Pler v. Doe 判決を中心に」『アメリカ憲法研究』29 巻 1 号，アメリカ憲法学会，2018 年(b)

――――「性的指向に対する平等権審査基準と排除禁止の原則：アメリカ・マイノリティ平等保護法理の韓国的含意」『憲法学研究』19 巻 3 号，韓国憲法学会，2013 年

――――「外国人労働者の職場変更制限と強制労働禁止の原則」『公法研究』44 巻 3 号，韓国公法学会，2016 年(a)

――――「海外からの移住民の基本権：不平等と“倫理的領土権”」『憲法学研究』22 巻 3 号，韓国憲法学会，2016 年(b)

――――「人口調査と種族的アイデンティティ：平等実現のジレンマ」『法と社会』59 巻，

法と社会理論学会，2018 年（c）
――――「差別煽動の規制：ヘイト表現に関する国際法的・比較法的検討を中心に」『法曹』64 巻 9 号，法曹協会，2015 年
――――「学業成績を理由とした差別と教育の不平等」『法と社会』53 巻，法と社会理論学会，2016 年（c）
キム・チャンファン，オ・ビョンドン「キャリア断絶以前の女性は差別されないのか?：大卒 20 代青年層の卒業直後の男女間所得格差分析」『韓国社会学』53 巻 1 号，韓国社会学会，2019 年
キム・テホン「性別雇用形態別賃金格差の現況と要因分解」『女性研究』84 巻 1 号，韓国女性政策研究院，2013 年
キム・ヒョンギョン『人，場所，歓待』文学と知性社，2015 年
キム・ヒョンミ『私たちはみんな家を離れる』トルベゲ，2014 年
キム・ヒサム，イ・サムホ『高等教育の労働市場の成果と序列構造の分析』韓国開発研究院，2007 年
パク・ギョンテ『人種主義』チェクセサン，2009 年
パク・ウンハ「性別による“良質な仕事”決定要因の研究」『韓国女性学』27 巻 3 号，韓国女性学会，2011 年
ペク・ミヨン「“再分配”と“アイデンティティ”を乗り超えて“参加の平等”（parity of participation）へ」『韓国政治学会報』43 集 1 号，2009 年
シン・ギョンア「女性労働市場の変化をめぐる八つの質問」『フェミニズム研究』16 巻 1 号，韓国女性研究所，2016 年
アン・テヒョン「賃金の分布による韓国の男女間賃金格差分析」『応用経済』14 巻 1 号，韓国応用経済学会，2012 年
ヨシノ・ケンジ『カバーリング』キム・ヒョンギョン，ハン・ビッナ訳，民音社，2017 年（*Covering: The Hidden Assault on Our Civil Rights*, Random House, 2006.）
中島義道『差別感情の哲学』キム・ヒウン訳，バダ出版社，2018 年
ユン・ザヨン「男女間賃金格差の新しい傾向と長年の課題」『国際労働ブリーフ』11 巻 6 号，韓国労働研究院，2013 年
イ・ギョンヒ，キム・テイル「大学のランキングと専攻が賃金に与える効果：男女間格差を中心に」『教育学研究』45 巻 3 号，韓国教育学会，2007 年
イ・ドンジュ「韓国の性別による職種分離と男女間賃金格差に関する研究」『韓国社会学会社会学大会論文集』韓国社会学会，2007 年
イ・サンファン「認定の政治（Politics of Recognition）と社会正義」『哲学研究』107 巻，大韓哲学会，2008 年
イ・スンゲ「ダイバーシティ・マネジメント理論の考察と国内企業に与える示唆点」『現象と認識』34 巻 1－2 号，韓国人文社会科学会，2010 年
イ・ヤンホ，ジ・ウンジュ，クォン・ヒョクヨン「不平等と幸福」『韓国政治学会報』47 巻 3 号，韓国政治学会，2013 年

イ・ジョンボク『韓国社会の差別語』ソトン，2014 年
イ・チャンス『韓国社会の人種差別的談話構造：コーパス基盤のメディア批評談話分析の観点から』集文堂，2015 年
チャン・ミギョン「韓国社会のマイノリティと市民権の政治」『韓国社会学』39 巻 6 号，韓国社会学会，2005 年
チャン・スミョン「大学序列の経済的収益分析」『韓国教育』33 巻 2 号，韓国教育開発院，2006 年
チャン・ジヨン，オ・ソンヨン「男女間賃金格差解消の哲学と政策」『梨花ジェンダー法学』9 巻 1 号，梨花女子大学校ジェンダー法学研究所，2017 年
チェ・セリム「男女間賃金格差に関する議論：過去，現在，そして政策」『国際労働ブリーフ』17 巻 1 号，韓国労働研究院，2019 年
チェ・スヨン「韓国社会における差別概念の変化と市民権の政治学：差別禁止法（案）がもたらした市民社会の連帯活動の分析を中心に」『社会研究』21 号，韓国社会調査研究所，2011 年
チェ・ユジンほか「2016 年両性平等実態調査分析研究」女性家族部，2016 年
韓国行政研究院「2018 年社会統合実態調査」韓国行政研究院，2018 年
ハン・ジュンソン「多文化主義論争：ブライアン・バリーとウィル・キムリッカの比較を中心に」『韓国政治研究』18 巻 1 号，ソウル大学校韓国政治研究所，2010 年
ホン・ソンス『言葉が剣になる時』アクロス，2018 年
ホン・ソンス，キム・ジョンヘ，ノ・ジンソク，リュ・ミンヒ，イ・スンヒョン，イ・ジュヨン，チョ・スンミ「ヘイト表現実態調査および規制法案研究」国家人権委員会，2016 年

［**欧文文献**］

Ahmed, S. *The Cultural Politics of Emotion* (2nd Ed.), Abingdon-on-Thames: Routledge 2015.
Allport, G. W. *The Nature of Prejudice* (25th Anniversary Ed.), New York: Basic Books 1979.（『偏見の心理』原谷達夫，野村昭共訳，培風館，1968 年）
Arendt, H. *The Human Condition,* 1958.（『人間の条件』志水速雄訳，ちくま学芸文庫，1994 年）
——— *The Origins of Totalitarianism,* 1951.（『全体主義の起原（新版）』1~3巻，大久保和郎ほか訳，みすず書房，2017 年）
——— *Crises of the Republic: Lying in Politics,* 1970.（『暴力について——共和国の危機』山田正行訳，みすず書房，2000 年）
Armenta, B. E. “Stereotype Boost and Stereotype Threat Effects: The Moderating Role of Ethnic Identification,” *Cultural Diversity and Ethnic Minority Psychology,* 16(1), 2010.
Aronson, J., M. J. Lustina, C. Good, K. Keough, C. M. Steele, and J. Brown “When

White Men Can't Do Math: Necessary and Sufficient Factors in Stereotype Threat," *Journal of Experimental Social Psychology,* 35, 1999.

Bauman, Z. *Does the Richness of the Few Benefit Us All?*, Polity 2013.

Bagenstos, S. R. "The Unrelenting Libertarian Challenge to Public Accommodations Law," *Stanford Law Review*, 66(6), 2014.

Banaji, M. R. and A. G. Greenwald *Blindspot : Hidden Biases of Good People,* New York: Bantam, 2013.（『心の中のブラインド・スポット――善良な人々に潜む非意識のバイアス』北村英哉ほか訳，北大路書房）

Bosniak, L. S. "Being Here: Ethical Territoriality and the Rights of Immigrants,"*Theoretical Inquiries in Law,* 8(2), 2007.

Branscombe, N. R. and R. A. Baron *Social Psychology* (14th Ed.), London: Pearson 2017, pp.117-18.

Butler, J. *Excitable Speech: A Politics of the Performative*, Abingdon-on-Thames : Routledge, 1997.（『触発する言葉――言語・権力・行為体』竹村和子訳，岩波書店，2004年）

Carter, W. B. "Sexism in the 'Bathroom Debates': How Bathrooms Really Became Separated by Sex," *Yale Law & Policy Review*, 37(1), 2018.

Castilla, E. J. "Gender, Race, and Meritocracy in Organizational Careers," *American Journal of Sociology*, 113(6), 2008.

Castilla, E. J., and S. Benard "The Paradox of Meritocracy in Organizations,"*Administrative Science Quarterly*, 55, 2010.

Cavanagh, S. L. *Queering Bathrooms: Gender, Sexuality and the Hygienic Imagination*, Toronto: University of Toronto Press 2010.

Chen. M. and J. A. Bargh "Nonconscious Behavioral Confirmation Processes: The Self-Fulfilling Consequences of Automatic Stereotype Activation", *Journal of Experimental Social Psychology*, 33, 1997.

Clark, K. B. and M. Clark "Racial Identification and Preference in Negro Children,"in T.M. Newcomb and E. L. Hartley eds. *Readings in Social Psychology*, New York: Holt, Rinehart & Winston 1947.

Clarke, J. A. "Against Immutability," *The Yale Law Journal*, 125, 2015.

Correll, S. J. "Gender and the Career Choice Process: The Role of Biased Self-Assessments," *American Journal of Sociology*, 106(6), 2001, pp.1691-1730.

——— "Constraints into Preferences: Gender, Status, and Emerging Career Aspirations," *American Sociological Review*, 69, 2004.

Crenshaw, K. "Demarginalizing the Intersection of Race and Sex: A Black Feminist Critique of Antidiscrimination Doctrine: Feminist Theory and Antiracist Politics," *University of Chicago Legal Forum*, 1989(1).

Danaher, K. and N. R. Branscombe "Maintaining the System with Tokenism: Bolstering Individual Mobility Beliefs and Identification with a Discriminatory

Organization," *British Journal of Social Psychology*, 49, 2010, pp.343-62.
Darley, J. M. and P. H. Gross "A Hypothesis-Confirming Bias in Labeling Effects,"*Journal of Personality and Social Psychology*, 44(1), 1983, pp.20-33.
DeSteno, D., N. Dasgupta, M. Y. Bartlett, and A. Cajdric "Prejudice From Thin Air: The Effect of Emotion on Automatic Intergroup Attitudes," *Psychological Science*, 15(5), 2004, pp.319-24.
Deutsch, B. "The Male Privilege Checklist: An Unabashed Imitation of an Article by Peggy McIntosh."
Deutsch, M. *Distributive Justice: A Social Psychological Perspective*, New Haven & London: Yale University Press 1985.
Dorling, D. *Injustice: Why Social Inequality Still Persists* (2nd Ed.), Bristol: Policy Press 2015.
Farrior, S. "Molding the Matrix: The Historical and Theoretical Foundations of International Law Concerning Hate Speech," *Berkeley Journal of International Law*, 14(1), 1996.
Ferguson, M. A. and T. E. Ford "Disparagement Humor: A Theoretical and Empirical Review of Psychoanalytic, Superiority, and Social Identity Theories," *Humor: International Journal of Humor Research*, 21(3), 2008.
Fetzer, P. L. "'Reverse Discrimination': The Political Use of Language," *National Black Law Journal*, 12(3), 1993.
Fischer, B. and B. Poland "Exclusion, 'Risk', and Social Control-Reflections on Community Policing and Public Health," *Geoforum*, 29(2), 1998.
Ford, T. E. and M. A. Ferguson "Social Consequences of Disparagement Humor: A Prejudiced Norm Theory," *Personality and Social Psychology Review*, 8(1), 2004.
Ford, T. E., C. F. Boxer, J. Armstrong, and J. R. Edel "More Than 'Just a Joke': The Prejudice-Releasing Function of Sexist Humor," *Personality and Social Psychology Bulletin*, 4(2), 2008.
Ford, T. E., E. R. Wentzel, and J. Lorion "Effects of Exposure to Sexist Humor on Perceptions of Normative Tolerance of Sexism," *European Journal of Social Psychology*, 31, 2001.
Ford, T. E., J. A. Woodzicka, S. R. Triplett, A. O. Kochersberger, and C. J. Holden "Not All Groups are Equal: Differential Vulnerability of Social Groups to the Prejudice-Releasing Effects of Disparagement Humor," *Group Processes & Intergroup Relations*, 20(10), 2013.
Ford, T. E., K. Richardson, and W. E. Petit "Disparagement humor and prejudice: Contemporary theory and research," *Humor*, 28(2), 2015.
Fraser, N. *Adding Insult to Injury: Nancy Fraser Debates Her Critics*, Verso, 2000.
Fredman, S. *Discrimination Law* (2nd Ed.), Oxford: Oxford University Press 2011.

Freeman, H. A. "The Right of Protest and Civil Disobedience," *Indiana Law Journal*, 41(2), 1966.
Frye, M. "Oppression," *The Politics of Reality: Essays in Feminist Theory*, California: Crossing Press 1983.
Galinsky, A. D., C. S. Wang, J. A. Whitson, E. M. Anicich, K. Hugenberg, and G. V. Bodenhausen "The Reappropriation of Stigmatizing Labels: The Reciprocal Relationship Between Power and Self-Labeling," *Psychological Science*, 24(10), 2013.
Galinsky, A. D., K. Hugenberg, C. Groom, and G. V. Bodenhausen "The Reappropriation of Stigmatizing Labels: Implications for Social Identity," Identity Issues in Groups (Research on Managing Groups and Teams, Vol.5), Bingley: Emerald Group Publishing Limited 2003.
Goffman, E. *Stigma: Notes on the Management of Spoiled Identity*, New Jersey: Prentice-Hall, Inc. 1963.（『スティグマの社会学――烙印を押されたアイデンティティ』石黒毅訳，せりか書房，2001 年）
Green, D. P., J. Glaser, and A. Rich "From Lynching to Gay Bashing: The Elusive Connection Between Economic Conditions and Hate Crime," *Journal of Personality and Social Psychology*, 75, 1998.
Guimond, S., M. Dambrun, N. Michinov, and S. Duarte "Does Social Dominance Generate Prejudice? Integrating Individual and Contextual Determinants of Intergroup Cognitions," *Journal of Personality and Social Psychology*, 84(4), 2003.
Guiso, L., M. Ferdinando, P. Sapienza, and L. Zingales "Culture, Gender, and Math," *Science*, 320(5880), 2008, pp.1164-65.
Hafer, C. I. and J. M. Olson "Beliefs in a Just World, Discontent, and Assertive Actions by Working Women," *Personality and Social Psychology Bulletin*, 19(1), 1993.
Harding, S. "Rethinking Standpoint Epistemology: What is "Strong Objectivity?," in L. Alcoff and E. Potter eds., *Feminist Epistemologies*, Abingdon-on-Thames: Routledge 1993.
Hastie, B. and D. Rimmington "'200 Years of White Affirmative Action': White Privilege Discourse in Discussions of Racial Inequality," *Discourse & Society*, 25(2), 2014.
Hellman, D. *When Is Discrimination Wrong?*, Cambridge : Harvard University Press, 2008.（『差別はいつ悪質になるのか?』池田喬・堀田義太郎訳，法政大学出版局，2018 年）
Hobbes, T. *Leviathan*, 1651.（『リヴァイアサン』水田洋訳，岩波文庫，1992 年）
Hodson, G. and C. C. MacInnis "Derogating Humor as a Delegitimization Strategy in Intergroup Contexts," *Translational Issues in Psychological Science*, 2(1), 2016.
Hodson, G., J. Rush, and C. C. MacInnis "A Joke Is Just a Joke (Except When It Isn't):

Cavalier Humor Beliefs Facilitate the Expression of Group Dominance Motives," *Journal of Personality and Social Psychology*, 99(4), 2010.
Honneth, A. *Kampf um Anerkennung: Zur moralischen Grammatik sozialer Konflikte*, Suhrkamp Verlag, 2003.（『承認をめぐる闘争――社会的コンフリクトの道徳的文法』山本啓, 直江清隆訳, 法政大学出版局, 2003 年）
Jones, J. M., John F. D. and Deborah L. V. *Psychology of Diversity: Beyond Prejudice and Racism*, New Jersey: Wiley-Blackwell 2014.
Kahneman, D. *Thinking, Fast and Slow*, Farrar Straus and Giroux, 2011.（『ファスト＆スロー――あなたの意思はどのように決まるか?』村井章子訳, 早川書房, 2014 年）
Kahneman, D. and A. Tversky "Choices, Values and Frames," *American Psychologist*, 39(4), 1984.
Kanuha, V. K. "The Social Process of "Passing" to Manage Stigma: Acts of Internalized Oppression or Acts of Resistance?," *The Journal of Sociology & Social Welfare*, 26(4), 1999.
Keevak, M. *Becoming Yellow: Short History of Racial Thinking*, Princeton Univ. Press, 2011.
Kennedy, R. "Martin Luther King's Constitution: A Legal History of the Montgomery Bus Boycott," *Yale Law Journal*, 98(6), 1989.
Kessler, L. T. "Keeping Discrimination Theory Front and Center in the Discourse Over Work and Family Conflict," *Pepperdine Law Review*, 34, 2007.
Kogan, T. S. "Sex-Separation in Public Restrooms: Law, Architecture, and Gender," *Michigan Journal of Gender & Law*, 14, 2007.
Koppelman, A. "Gay Rights, Religious Accommodations, and the Purposes of Antidiscrimination Law," *Southern California Law Review*, 88, 2015.
Krieger, L. H. "The Content of Our Categories: A Cognitive Bias Approach to Discrimination and Equal Employment Opportunity," *Stanford Law Review*, 47, 1995.
Kymlicka, W. *Multicultural Citizenship: A Liberal Theory of Minority Rights*, Clarendon Press 1995.
Lawrence III, C. R. "The Id, the Ego, and Equal Protection: Reckoning with Unconscious Racism," *Stanford Law Review*, 39, 1987.
Lerner, M. "Just World Research and the Attribution Process: Looking Back and Ahead," *Psychological Bulletin*, 85(S), 1978.
Lerner, M. J. "The Justice Motive: Some Hypotheses as to its Origins and Forms," *Journal of Personality*, 45(1), 1977.
Lippmann, W. *Public Opinion*, New York: Harcourt Brace & Co. 1922.（『世論』掛川トミ子訳, 岩波文庫, 1987 年）
Little, L. E. "Regulating Funny: Humor and the Law," *Cornell Law Review*, 94(5), 2009.

Marvasti, A. B. and K. D. Mckinney "Does Diversity Mean Assimilation?" *Critical Sociology*, 37(5), 2011.

Marx, D. M. and D. A. Stapel "Understanding Stereotype Life: On the Role of the Social Self," *Social Cognition*, 24(6), 2006.

Mason, G. "The Symbolic Purpose of Hate Crime Law: Ideal Victims and Emotion," *Theoretical Criminology*, 18(1), 2014.

McClain, L. C. "Involuntary Servitude, Public Accommodations Laws, and the Legacy of Heart of Atlanta Motel, Inc. v. United States," *Maryland Law Review*, 71(1), 2011.

McCluskey, M. T. "Rethinking Equality and Difference: Disability Discrimination in Public Transportation," *Yale Law Journal,* 97, 1988.

McCoy, S. K. and B. Major "Priming Meritocracy and the Psychological Justification of Inequality," *Journal of Experimental Social Psychology*, 43(3), 2007.

McIntosh, P. "White Privilege: Unpacking the Invisible Knapsack." *Peace & Freedom*, July/August 1989, pp.10-13.

Melling, L. "Religious Refusals No Public Accommodations Laws: Four Reasons to Say No," *Harvard Journal of Law & Gender*, 38, 2015.

Merriam, S. B., J. Johnson-Bailey, M. Lee, Y. Kee, G. Ntseane, and M. Muhamad "Power and Positionality: Negotiating Insider/Outsider Status Within and Across Cultures," *International Journal of Lifelong Education*, 20(5), 2001.

Milgram, S. "Behavioral Study of Obedience," *Journal of Abnormal and Social Psychology*, 67(4), 1963.

Mill, J. S. *On Liberty*, 1859.（『自由論』関口正司訳，岩波文庫，2020 年）

Monin, B. and D. T. Miller "Moral Credentials and the Expression of Prejudice," *Journal of Personality and Social Psychology*, 81(1), 2001.

Moore, Jr., B. *Injustice: The Social Bases of Obedience and Revolt* (first published 1978 by M.E. Sharpe), Abingdon-on-Thames: Routledge 2015.

Norton, M. I. and S. R. Sommers "Whites See Racism as a Zero-Sum Game That They Are Now Losing," *Perspectives on Psychological Science*, 6(3), 2011.

Nussbaum, M. C. *Hiding from Humanity : Disgust, Shame, and the the Law* (New Ed.), New Jersey : Princeton University Press, 2006.（『感情と法――現代アメリカ社会の政治的リベラリズム』河野哲也訳，慶應義塾大学出版会，2010 年）

OECD, "Gender wage gap (indicator)," 2019, https://dx.doi.org/10.1787/4ead40c7-en "Education at a Glance 2018: OECD Indicators," OECD Publishing, 2018, http://dx.doi.org/10.1787/eag-2018-en (2021.6.16 閲覧)

Oleske, Jr., J. M. "The Evolution of Accommodation: Comparing the Unequal Treatment of Religious Objections to Interracial and Same-Sex Marriages," *Harvard Civil Rights-Civil Liberties Law Review*, 50, 2015.

Opotow, S. "Moral Exclusion and Injustice: An Introduction," *Journal of Social Issues*, 46(1), 1990.

Oppenheimer, D. B., S. R. Foster, and S. Y. Han *Comparative Equality and Anti-Discrimination Law: Cases, Codes, Constitutions, and Commentary*, New York: Foundation Press, 2012.

Patterson, O. *Slavery and Social Death: A Comparative Study*, Cambridge: Harvard University Press, 1982.

Phillips, L. T. and B. S. Lowery "Herd Invisibility: The Psychology of Racial Priviledge," *Current Directions in Psychological Science*, 27(3), 2018.

Pratto, F., J. Sidanius, L. M. Stallworth, and B. F. Malle "Social Dominance Orientation: *A* Personality Variable Predicting Social and Political Attitudes," *Journal of Personality and Social Psychology*, 67(4), 1994.

Pyke, K. D. "What is Internalized Racial Oppression and Why Don't We Study it? Acknowledging Racism's Hidden Injuries," *Sociological Perspectives*, 53(4), 2010.

Rawls, J. B. *A Theory of Justice* (revised Ed.), Cambridge：Harvard University Press, 1999.（『正義論（改訂版）』川本隆史ほか訳，紀伊國屋書店，2010 年）

Reaume, D. G. "Discrimination and Dignity," *Louisiàna Law Review*, 63(3), 2003.

Rodriguez-Garcia, D. "Beyond Assimilation and Multiculturalism: A Critical Review of the Debate on Managing Diversity," *International Migration & Integration*, 11(3), 2010.

Rosette, A. S. and L. P. Tost "Perceiving Social Inequity: When Subordinate-Group Positioning on One Dimension of Social Hierarchy Enhances Privilege Recognition on Another," *Psychological Science*, 24(8), 2013.

Rousseau. J. J. *Du Contrat Social ou Principes du droit politique*, 1762.（『社会契約論』桑原武夫，前川貞次郎訳，岩波文庫，1954 年）

Rucker, D. "The Moral Grounds of Civil Disobedience," *Ethics*, 76(2), 1966.

Sandel, M. J. *Justice: What's the Right Thing to Do?*, New York: Farrar, Straus and Giroux, 2009.

Saucier, D. A., C. J. O'Dea, and M. L. Strain "The Bad, the Good, the Misunderstood: The Social Effects of Racial Humor," *Translational Issues in Psychological Science*, 2(1), 2016.

Schmader, T., M. Johns, and C. Forbes "An Integrated Process Model of Stereotype Threat Effects on Performance," *Psychological Review*, 115(2), 2008.

Sensoy, O. and R. DiAngelo *Is Everyone Really Equal?: An Introduction to Key Concepts in Social Justice Education* (2nd Ed.), Teachers College Press, 2017.

Sherif, M., O. J. Harvey, B. J. White, W. R. Hood, and C. W. Sherif *Intergroup Conflict and Cooperation: The Robbers Cave Experiment*, Middletown: Wesleyan University Press 1988.

Siegel, R. B. "Discrimination in the eyes of the law: How color blindness discourse disrupts and rationalizes social stratification," *California Law Review*, 88(1), 2000.

Singer, J. W. "No Right to Exclude: Public Accommodations and Private Property," *Northwestern University Law Review*, 90, 1996.

Spencer, S. J., C. M. Steele, and D. M. Quinn "Stereotype Threat and Women's Math Performance," *Journal of Experimental Social Psychology*, 35, 1999.

Steele, C. M. and J. Aronson "Stereotype Threat and the Intellectual Test Performance of African Americans," *Journal of Personality and Social Psychology*, 69(5), 1995.

Tajfel, H., M.G. Billig, R.P. Bundy, and C. Flament "Social categorization and intergroup behaviour," *European Journal of Social Psychology*, 1(2), 1971, pp.149-78.

Tapp, J. L. and L. Kohlberg "Developing Senses of Law and Legal Justice," *Journal of Social Issues*, 27(2), 1971.

Tyler, T. R. "The Psychology of Legitimacy: A Relational Perspective on Voluntary Deference to Authorities," *Personality and Social Psychology Review,* 1(4), 1997.

Uhlmann, E. L. and G. L. Cohen "'I Think It, Therefore It's True': Effects of Self-Perceived Objectivity on Hiring Discrimination," *Organizational Behavior and Human Decision Processes,* 104(2), 2007.

Valentine, G. *Social Geographies: Space and Society*, Prentice Hall, 2002.

Walton, G. M. and L. C. Geoffrey "Stereotype Lift," *Journal of Experimental Social Psychology*, 39, 2003, pp.456-67.

Walzer, M. *Spheres of Justice: A Defence of Pluralism and Equality,* New York: Basic Books 1983.

Wilson, R. F. "The Nonsense About Bathrooms: How Purported Concerns over Safety Block LGBT Nondiscrimination Laws and Obscure Real Religious Liberty Concerns," *Lewis & Clark Law Review*, 20(4), 2017.

Wright, J. S. "Color-blind theories and color-conscious Remedies," *The University of Chicago Law Review*, 47(2), 1980.

Yoshino, K. "Assimiliationist Bias in Equal Protection: The Visibility Presumption and the Case of Don't Ask, Don't Tell," *The Yale Law Journal*, 108, 1998.

Young, I. M. *Justice and the Politics of Difference*, New Jersey: Princeton University Press 1990.

_______ "Equality for whom? Social groups and judgments for injustice," *The Journal of Political Philosophy*, 9(1), 2001.

Zillmann, D. and J. R. Cantor "Directionality of Transitory Dominance as a Communication Variable Affecting Humor Appreciation," *Journal of Personality and Social Psychology*, 24(2), 1972.

著者　キム・ジヘ（金知慧）

韓国・江陵原州大学校多文化学科教授（マイノリティ，人権，差別論）。移民，セクシュアル・マイノリティ，子ども・若者，ホームレスなどさまざまな差別問題に関心を持ち，当事者へのリサーチや政策提言に携わる。ソウル特別市立児童相談治療センター，韓国憲法裁判所などの公的機関にも勤務経験を持つ。初の単著である本書が20万部超のベストセラーに。他の著書に『家族，この不条理な脚本』（邦訳，大月書店）。

訳者　尹怡景（ユン・イキョン）

韓国・ソウル生まれ。慶應義塾大学大学院で人類学を学ぶ。言葉で韓国と日本の心をつなぎたい翻訳者。訳書に『夢を描く女性たち　イラスト偉人伝』（タバブックス）ほか。

編集協力　梁・永山聡子
ブックデザイン　後藤葉子（森デザイン室）
カバー・本文イラスト　岡田みそ
DTP　編集工房一生社

差別《さべつ》はたいてい悪意《あくい》のない人《ひと》がする
——見《み》えない排除《はいじょ》に気《き》づくための10章《しょう》

2021年８月23日　第１刷発行
2024年８月５日　第12刷発行

定価はカバーに表示してあります

著　者　キム・ジヘ
訳　者　尹　怡　景
発行者　中　川　　進

〒113-0033　東京都文京区本郷 2-27-16

発行所　株式会社　大　月　書　店

印刷　三晃印刷
製本　中永製本

電話（代表）03-3813-4651　FAX 03-3813-4656　振替00130-7-16387
http://www.otsukishoten.co.jp/

ISBN978-4-272-33103-1　C0036　　Printed in Japan